いつもと違う野菜の食べ方

小田真規子

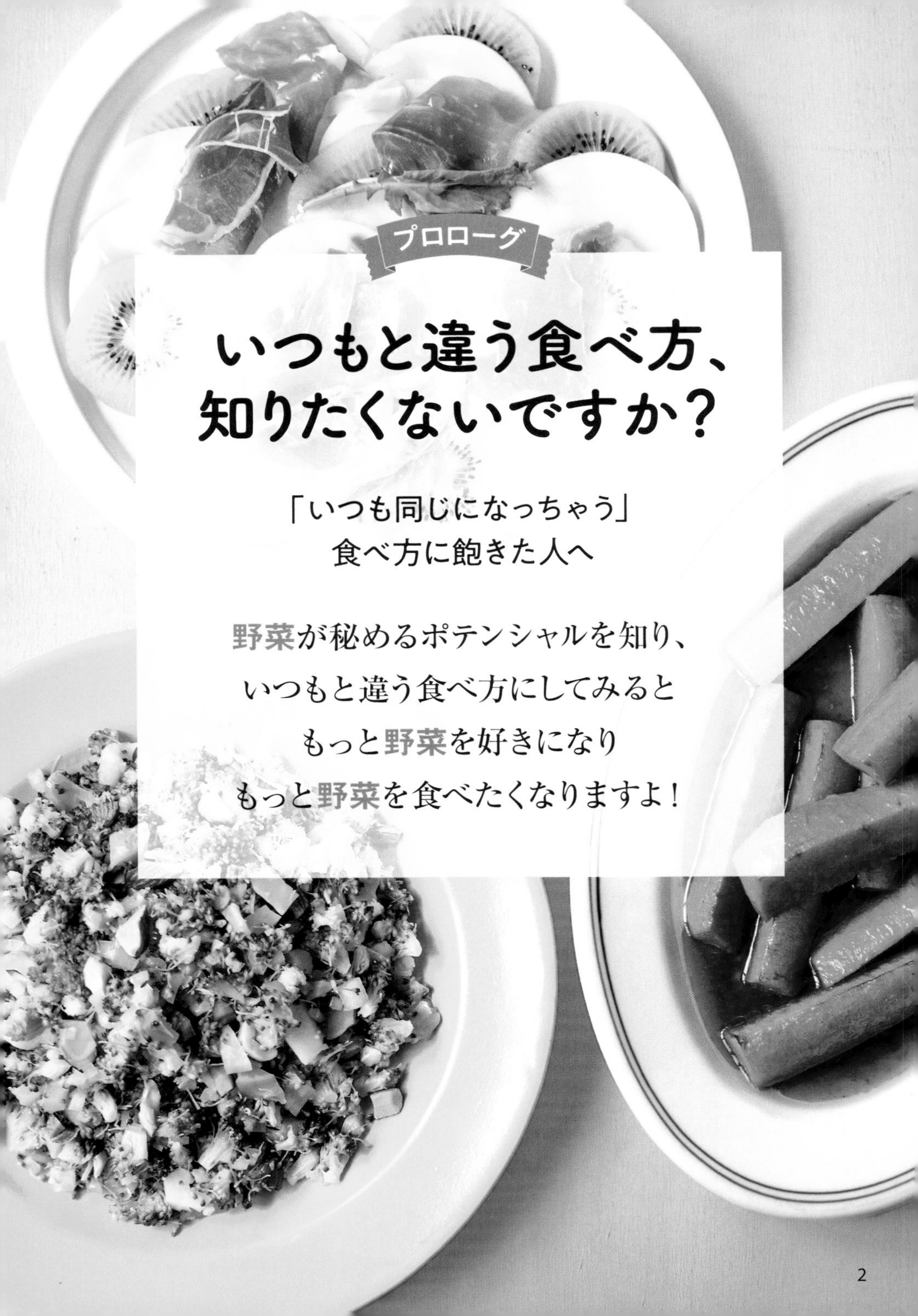

プロローグ

いつもと違う食べ方、知りたくないですか？

「いつも同じになっちゃう」
食べ方に飽きた人へ

野菜が秘めるポテンシャルを知り、
いつもと違う食べ方にしてみると
もっと**野菜**を好きになり
もっと**野菜**を食べたくなりますよ！

野菜の魅力を
MAXに引き出すコツ！

1 既成概念を捨ててみる

- 生で食べていた野菜に火を通す
- 加熱していた野菜を生で食べてみる
- 塩もみしてから炒める、ゆでる
- 冷凍する、皮ごと味わってみる
- 切り方を変えてみる

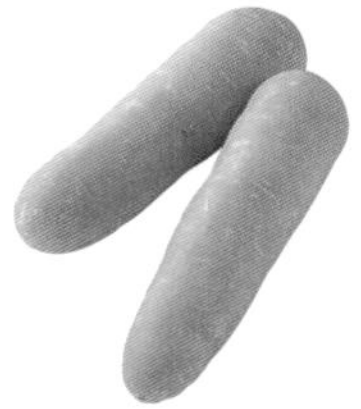

2 工夫するのはちょっとだけ

- 加える調味料に変化をつける
- 定番以外の組み合わせにも挑戦！
- なるべくたっぷり食べられるように味つけ！
- 見た目をちょっぴりおしゃれに！

3 作り方、調理法で無理をしない

- 調味料はできるだけシンプルに！
- ふだん使わない調理道具を登場させない
- 再チャレンジしにくいような手間ひまはかけない

"こんな食べ方、知らなかった！"と
実感できるおいしいレシピが満載！

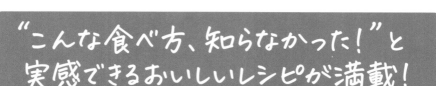

目次

第1章 いつもの野菜の新しい食べ方

葉・茎・花を食べる野菜

実を食べる野菜

第2章 旬の野菜のおいしい食べ方

第3章 いも類・きのこ類の意外な食べ方

この本の決まり

- 大さじ１は15㎖、小さじ１は５㎖、１カップは200㎖です。いずれもすり切りで量ります。「ひとつまみ」は親指、人差し指、中指の３本でつまんだ分量で小さじ1/6〜1/5程度、「少々」は親指、人差し指の２本でつまんだ分量で小さじ1/6未満です。
- 特に記載がない場合、しょうゆは濃口しょうゆ、塩は精製塩、砂糖は上白糖、みそは信州みそ、オリーブ油はエクストラバージンオイル、バターは有塩バターを使用しています。
- 特に記載がない場合、洗う、皮をむく、ヘタや種を取り除くなどの下処理をすませた手順で説明しています。
- 特に記載がない場合、フライパンは直径26㎝のフッ素樹脂加工のもの、鍋は直径20㎝、小鍋は直径15〜16㎝のものに統一しています。
- 電子レンジは600Wのものを使用しています。500Wの場合は1.2倍、700Wの場合は0.8倍に換算して加熱してください。
- オーブントースターは1000W（約230℃）のものを使用しています。
- 電子レンジ、オーブントースターは機種によって加熱具合が異なりますので、様子をみながら調理してください。
- 作りおきの保存期間はあくまでも目安です。料理を保存する際はしっかり冷まし、清潔な保存袋または保存容器で保存してください。

第1章

火の通し方、切り方で激変！

いつもの野菜の新しい食べ方

キャベツ、小松菜、トマトなどのおなじみの野菜。
いつも同じ食べ方でマンネリになっていませんか？
でも、火の通し方、切り方を少し変えるだけで、
今まで味わったことがない、新しいおいしさに出会えます。

葉・茎・花を食べる野菜

サラダ菜

新提案!

炒め物やおひたしにしてみる

いつもの食べ方 あるある

サラダ菜そのものってどんな味？

肉料理のつけ合わせくらいでしか使わない

お弁当の仕切り野菜で、あまり食べてもらえない

サラダ菜ってその名の通り、サラダで食べる以外だと、揚げ物やステーキのつけ合わせ、お弁当の仕切りなど、どうしても脇役のイメージですよね。でも**実はレタスより水っぽくなく、グリーンリーフより青臭くない、甘みのある野菜です。**例えば、**炒めても苦みが出ないし、さっとゆでればたっぷり食べられます。**主役になれるポテンシャルが高いサラダ菜は、試しがいのある野菜です。

味つけはオイスターソースだけ!

サラダ菜の中華炒め

●材料(2人分)

サラダ菜
………2株(150~200g)
ごま油……………小さじ2

A
オイスターソース
……………小さじ2
水……………大さじ2
片栗粉… ひとつまみ

●作り方

1 Aは合わせておく。サラダ菜は芯の部分に包丁で切り込みを入れ、縦4つ割りに切る。

2 フライパンにごま油を入れて中火で熱し、**サラダ菜を広げてそのまま30秒焼く。**

3 中央を空け、Aを入れてよく混ぜながら煮立て、火を強めて全体にさっとからめる。

いつもと違うコツ!

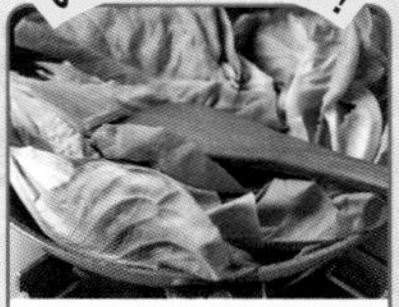

へらで30秒押さえてサラダ菜の断面に焼き色をつけてからさっと火を通します。

あっさりおかかじょうゆで

サラダ菜のおひたし

●材料（2人分）

サラダ菜
………**2株（150～200g）**
乾燥わかめ………小さじ2
削り節………小1袋（2g）
しょうゆ…………小さじ1

●作り方

1 サラダ菜は**芯の部分に包丁で切り込みを入れ、手で大きく割く**。

2 小鍋に湯3カップを沸かし、1、わかめを入れて30秒でざるにあげる。

3 軽く水けを絞り、器に盛る。削り節をふり、しょうゆをかける。

いつもと違うコツ!

芯の部分から手で大きく割けば、ゆでても食べごたえがキープできます。

余った刺身でOK！

漬け刺身のサラダ菜あえ

●材料（2人分）

サラダ菜……………………… **大1株（100g）**
長ねぎ ………………………… 1/4本（25g）
刺身ミックス
（まぐろ、サーモン、たいなど）… 150g
A［しょうゆ…………………大さじ1と1/2
　 みりん ………………………………小さじ2
　 ごま油 ………………………………小さじ1
酢………………………………………小さじ1

●作り方

1 長ねぎは縦半分に切ってから斜め薄切りにする。

2 刺身は大きければ食べやすい大きさに切り、**A**をからめてから1とあえる。

3 サラダ菜は手で大きくちぎり、器に広げる。2を盛り、酢をかけて混ぜながら食べる。

レタス

いつもの食べ方
あるある

ドレッシングやたれをかけるだけ！

新鮮なうちにたくさん食べたいけど、なかなか…

生食以外の食べ方も知りたいかも

新提案！

折りたたんで具材をサンドする

レタスをちぎったり、刻んだりしたらとりあえず、ドレッシングやたれをかけるだけですませていませんか？　でもちょっと待って！　同じ生食でも**あえて切らずに１枚を折りたたんでサンドイッチにしてみましょう。折りたたんでいくつも層ができることで、ボリュームも出て、食べやすくなる**ので、よりヘルシーに野菜不足を解消できます。ぜひお試しを！

レタスがバンズの代わりに！

折りたたみレタスと生ハムのガブリサンド

●材料（2人分）

レタス…… 大きめ4枚（150g）
玉ねぎ……………………20g
生ハム……………………6枚
A［粒マスタード……小さじ1
　 マヨネーズ………大さじ1

いつもと違うコツ！

レタスは上下左右をパタンと折りたたむと、層が増えてシャキシャキの食感が増し、そのままより断然食べやすい！

●作り方

1. レタスは1枚ずつはがし、**それぞれ10cm角程度に折りたたむ。これを全部で4個作る。**
2. 玉ねぎは薄切りにする。
3. ラップに1の1個をおき、生ハムを軽くふんわり2つ折りにしたものを3枚分のせる。2の半量、1の1個をのせ、ラップで包んで落ち着かせる。これをもう1つ作る。
4. ラップごと半分に切り分け、混ぜ合わせたAをかけながら食べる。

まだまだある
おいしい
食べ方

火を通してたっぷり食べる

だしは手軽なめんつゆにおまかせ

レタスとベーコンのしゃぶしゃぶ

●材料(2人分)

レタス………1個(250〜300g)
スライスベーコン………100g
にんじん…………1/2本(75g)
エリンギ……1パック(100g)
A めんつゆ(3倍希釈)…………2/3〜1カップ
　水…………………3カップ
B 粗びき黒こしょう、レモン(くし形切り)………………………各適宜

●作り方

1 レタスは1枚ずつはがし、縦半分に切る。にんじんはピーラーでリボン状に薄くスライスし、エリンギは5㎜厚さの薄切りにする。ベーコンは長さを半分に切る。

2 鍋に**A**を入れて中火にかけ、温める。

3 皿に1の具材を盛り合わせ、お好みで**B**を添える。2に具材を入れてお好みの火通りに煮る。

フワフワの鶏団子とも相性抜群！

くし形切りレタスと鶏団子の煮物

●材料（2人分）

	レタス	1/2個（150g）
A	鶏ひき肉	200g
A	しょうゆ	小さじ2
A	ごま油	小さじ1
A	水、片栗粉	各大さじ1
B	水	2カップ
B	塩	小さじ1/2
B	しょうが（せん切り）	2かけ分

●作り方

1. ボウルに**A**の材料を入れてスプーンでよく混ぜる。レタスは4等分のくし形切りにする。
2. 鍋に**B**を入れて中火にかける。煮立ったら弱火にして1の肉だねを10等分にすくい取りながら加え、途中上下を返しながら7〜8分煮る。
3. 鶏団子を端に寄せ、レタスを加えてしんなりするまで煮る。

キャベツ

いつもの食べ方
あるある

結構使うのに味つけがマンネリ！

ただ炒めるだけに飽きちゃった！

余らせずに使いきりたい！

新提案！

ちょっとジャンクな味つけにする

キャベツをたっぷり食べるなら、ちょっとジャンクな味つけで。**焼き肉のたれや中濃ソースを使ってあえる、炒めるといった超かんたんでシンプルな調理**にしちゃいます。これだと思いのほか飽きずにパクパクとキャベツが食べられますよ。野菜だから罪悪感もなく、おつまみにもイケます。

そばのない焼きそば！？でも大満足！

キャベツと紅しょうがのソース炒め

キャベツは少し香ばしく焼いて！

●材料（2人分）

キャベツ……………………**5枚（250g）**
紅しょうが……………………………30g
中濃ソース…………………………大さじ2
サラダ油……………………………大さじ2

●作り方

1. キャベツは繊維の方向にそって幅を半分に切り、繊維を断つように1cm幅に切る。
2. フライパンにサラダ油を中火で熱し、1を広げて2分焼く。
3. 上下を返して中央を空け、中濃ソースを加えて煮立て、よく混ざるように炒める。紅しょうがを加えてひと混ぜする。

ジャンクな味つけがちょうどいい！

用意する材料はたった3つ！

せん切りキャベツの焼き肉たれあえ

●材料（2人分）

キャベツ……………**3枚（150g）**
焼き肉のたれ……大さじ2～3
ごま油…………………小さじ1

●作り方

1. キャベツは繊維を断つように2～3mm幅の細切りにする。
2. 1にごま油を加えてよく混ぜ、焼き肉のたれも加えてしんなりするまでよく混ぜる。

まだまだある
おいしい
食べ方

塩もみしてから炒める

塩もみから
生まれる味わいが
バラ肉と好相性

シンプルな調味でおいしさが引き立つ！

塩もみキャベツの豚バラ炒め

●材料（2人分）

キャベツ…1/4個（300g）
豚バラ薄切り肉……200g
A［塩……………小さじ1
　 水…………1/4カップ
しょうゆ……小さじ1〜2

いつもと違うコツ！

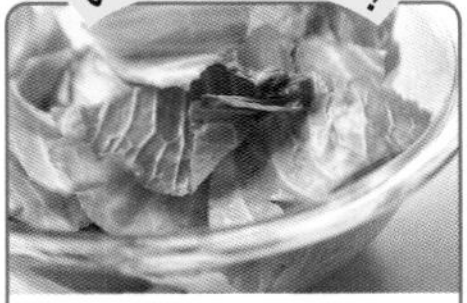

キャベツは塩もみしてから炒めると火の通りが早く、味がよくからみ、色鮮やかに仕上がります。

●作り方

1 キャベツは6〜7㎝角に切り、Aを合わせたボウルに入れる。よく混ぜて20分おき、軽く水けを絞る。

2 豚肉は6㎝幅に切る。

3 フライパンに2を広げて強火で熱し、動かさずに2分ほど焼く。肉に焼き色がついたら中央を空け、1を加えて1分ほどへらで押さえつけるようにして焼く。

4 上下を返して1〜2分炒める。余分な脂をキッチンペーパーでふき取り、再び中央を空け、しょうゆを煮立て全体にからめる。

くし形切りキャベツで食べごたえ抜群！

焼きキャベツのチーズポン酢

●材料（2人分）

キャベツ…1/4個（300g）
レモン……1個（正味60g）
A［しょうゆ、砂糖 …………各大さじ1
オリーブ油………大さじ2
クリームチーズ………30g

いつもと違うコツ！
へらで押さえながらキャベツの断面をこんがり焼きつけます。

●作り方

1 キャベツは1/4個を3等分のくし形切りにする。

2 レモンは皮と薄皮をむいて半月の薄切りにし、**A**と合わせておく。

3 フライパンにオリーブ油を中火で熱し、**1の切り口を下にして入れ、へらで押さえながら表裏3分ずつ焼き、焼き色をつける。**

4 器に3を盛り、キッチンバサミで1切れを3等分に切り、手でちぎったクリームチーズをちらす。熱いうちに2をふりかけ、粗熱をとる。混ぜながら食べる。

レモンとチーズのコンビが焼きキャベツの香ばしさにマッチ！
まだまだあるおいしい食べ方
香ばしく焼いて
うまみを引き出す

小松菜

いつもの食べ方
あるある

おひたしや煮びたし、
ナムルが
定番でしょ！

おなじみの
青菜だけど
使い方がマンネリ

スムージーなら
生で使ったこと
あるけど

新提案！

意外に生がおいしい！

小松菜はゆでる、煮る、炒めるなど火を通して食べるのがあたり前だと思っていませんか？　ほうれん草と違って、**えぐみや苦みが少なくクセがないので、実は生でも十分おいしく食べられます。小松菜のみずみずしさ、うまみと味の濃さ、シャキシャキ感……**。これは生でしか味わえない感動モノ！のおいしさです。

とにかく味が濃くておいしすぎ！

生小松菜の塩もみのりわさびあえ

●材料（2人分）

小松菜………… 1把（150g）

A［ 塩…………小さじ1/4
　　水……………大さじ2

焼きのり（全形）……1/2枚

練りわさび………小さじ1

しょうゆ……小さじ1～2

●作り方

1 小松菜は根元を切り落として4㎝長さに切り、**Aをからめて20分おき、水けを絞る**。

2 1にちぎったのり、わさびを加えてよく混ぜ、しょうゆを加えてあえる。

いつもと違うコツ！

塩水をからめると適度に水分が抜け、食感がよくなり、うまみも濃くなります。

濃厚なドレッシングとも合う！

生小松菜のシーザーサラダ

●材料（2人分）

小松菜…………… **1把（150g）**
塩…………………………………少々

A
- マヨネーズ …………大さじ2～3
- 粉チーズ……… 大さじ2
- 砂糖、酢 ……………各小さじ1
- オリーブ油…… 大さじ1

●作り方

1 Aを順に加えてよく混ぜる。

2 小松菜は根元を切り落として5cm長さに切り、塩をからめてキッチンペーパーで軽く水けをふく。

3 1に2を加えて全体になじむまであえる。

ほうれん草

新提案!

やわらかくゆで、じっくり煮込む

青菜はさっとゆでるのが原則と思われていますが、実はほうれん草はやわらかくゆでたほうがおいしい野菜です。さらに**じっくり煮込んでトロリとした味わいを楽しむのも、ほうれん草の深い味わい方です**。豆腐と合わせてほっこりした煮物に、ごはんに合うスパイシーなカレーにと、このトロリとした食感は驚くほどマッチします。

いつもの食べ方 あるある

レシピ本ではさっとゆでるって言われてるけど

歯ごたえが大事だと思っていた！

ごまあえ・おひたし・バターソテーのローテももう飽きた

やわらかい絹ごし豆腐がマッチ！

ほうれん草と豆腐のとろとろ煮

●材料（2人分）

ほうれん草 ……… 1把（200g）
長ねぎ ……………… 1/2本（50g）
絹ごし豆腐 ……… 1丁（300g）
ごま油 ……………… 大さじ1

A
- 水 ………………… 1/2カップ
- オイスターソース ………………… 小さじ2
- 塩 ………………… 小さじ1/3
- こしょう ……………… 少々
- 片栗粉 ……………… 大さじ1

●作り方

1 ほうれん草は5㎝長さに切り、沸騰した湯で1分ゆで、ざるにあげる。

2 長ねぎは5㎜厚さの斜め薄切りにする。

3 フライパンにごま油を中火で熱し、2を広げて入れ、動かさずに1分焼いてから1分炒める。

4 1を加えてひと混ぜし、混ぜ合わせた**A**も加え、さらによく混ぜながら煮立てる。豆腐をスプーンでひと口大ずつすくい入れ、煮汁をからめながら中火のままトロリとするまで3分煮る。

思い立ったら10分くらいですぐできる！

刻みほうれん草とひき肉のサグカレー

●材料（2人分）

ほうれん草……小1把（150g）
合いびき肉……150g
トマト……大1個（200g）
にんにく、しょうが……各1かけ
カレー粉……大さじ1
A
- トマトケチャップ……大さじ2
- みそ……大さじ1
- 塩……小さじ1/3
- こしょう……少々

サラダ油……大さじ1
温かいごはん……適量

●作り方

1 ほうれん草は根元を切り落とし、1cm長さに切る。トマトはヘタを取って2cm角に切る。にんにく、しょうがはみじん切りにする。

2 フライパンにサラダ油を入れて中火で熱し、にんにく、しょうが、カレー粉を入れて1分炒める。

3 ほうれん草、ひき肉を加えてほぐすように2分炒め、トマト、**A**を加えてさっと混ぜ合わせる。中火でときどき混ぜながらトロリとするまで5分煮る。

4 器にごはんをよそい、3をかける。

チンゲン菜

いつもの食べ方あるある

塩味だとなんとなくもの足りなくない？

オイスターソースにはちょっと飽きてるかも!?

切り方がいつも同じになっちゃう

新提案！

オイスターソースを使わない！

チンゲン菜を食べるとき、ついついオイスターソースの中華味に頼っていませんか？　かきのうまみとコクがあっておいしいけれど、シンプルな塩味だって捨てたものではありません。**酒や水と合わせたら、煮立ててから炒める**、そんなちょっとしたコツを押さえれば、塩味でもまったくもの足りなさを感じさせません。また、ザクザク切って塩もみするのもおすすめ。葉と茎で食感が違うのが楽しい浅漬けになります。

角切りにんにくがアクセント！

チンゲン菜とにんにくの塩炒め

●材料（2人分）

チンゲン菜……2株（200g）
にんにく……1/2かけ
ごま油……小さじ2
A［酒、水……各大さじ2
　塩……小さじ1/3
　片栗粉……小さじ1/2］
こしょう……少々

いつもと違うコツ！

合わせ調味料はフライパンの中央を空けて、とろみがつくまで混ぜながら煮立て、チンゲン菜にからめます。

●作り方

1. **A**は合わせておく。にんにくは5㎜角に切る。
2. チンゲン菜の葉は長さ2～3等分に切り、茎は6等分のくし形切りにする。
3. フライパンにごま油を中火で熱し、にんにく、チンゲン菜の茎、葉の順に広げ入れ、少し火を強めてへらで押しつけながら2分焼く。
4. 全体を返して1～2分炒めたら、**中央を空けて混ぜ合わせたAを加え、とろみがつくまでそのまま混ぜながら全体にからめる。**仕上げにこしょうをふる。

合わせた調味料は煮立てて使うと味がよくからむ！

青菜の漬け物とは違うフレッシュさにハマる！

生チンゲン菜の刻み塩もみあえ

●材料（2人分）

チンゲン菜…………… **1株（100g）**
塩昆布…………ひとつかみ（5g）
A［塩……………………小さじ1/4
　 水……………………大さじ1
ごま油……………………小さじ1

●作り方

1 チンゲン菜は**根元から2㎝長さに切り**、**A**をからめて20分おき、水けを絞る。

2 *1*にごま油、塩昆布を加え、塩昆布がなじむまでよく混ぜる。

いつもと違うコツ！
繊維を断つように切ることでシャキシャキの食感が生まれます。

水菜

いつもの食べ方 あるある

和風ドレッシングかポン酢しょうゆをかけるだけ

みそ汁に入れることはあるけど

いつも同じ組み合わせになっちゃう

新提案!

合わせるものを変える

水菜は古くから京都で栽培されていたことから、おひたしや漬け物、みそ汁にするなど、どうしても和のイメージから抜け出せないところがあります。でもクセがない野菜なので、**中華食材のザーサイと白あえにしたり、肉と合わせてかき揚げにしたり**など、組み合わせる食材をいつもと変えるだけで食べ方のレパートリーがグンと広がります。水菜の別の顔に出会ってみませんか？

ザーサイのうまみと食感が水菜に合う!

いつもの白あえに飽きたらこれ!

水菜とザーサイの白あえ

●材料(2人分)

水菜……………………… **1/4把(50g)**
木綿豆腐………………… 1/3丁(100g)
ザーサイ(味付き)………………30g
A ごま油、砂糖……… 各小さじ1
　塩 ………………………小さじ1/3
　酢 ………………………小さじ1/2

●作り方

1 豆腐は手で4等分にちぎり、キッチンペーパーに包んで軽くつぶして水けをきる。ボウルに入れ、**A**を加えてよく混ぜる。

2 水菜は4cm長さに切り、ザーサイは粗みじん切りにする。

3 1に2を加えてざっくりあえる。

たっぷりのしょうがが入って脂っこくない！

水菜と豚こまのかき揚げ

●材料（2人分）

水菜……………………**1/2把（100g）**
豚こま切れ肉……………………150g
しょうが……………………1かけ
塩……………………小さじ1/2
薄力粉……………………2/3カップ
冷水……………………大さじ4
揚げ油……………………適量

いつもと違うコツ！

衣は混ぜすぎず、やっとまとまって少し粉が残る感じにとどめて揚げます。

●作り方

1 水菜は4㎝長さに切る。しょうがはせん切り、豚肉は2㎝幅に切る。

2 ボウルに豚肉を入れ、水菜、しょうが、塩を加えてよく混ぜる。

3 **薄力粉をスプーンなどで全体に広げ入れ、からむように箸で混ぜる**。全体に混ざったら、冷水を加えて箸でざっくり混ぜる。油（分量外）を塗った手で6等分にし、直径7㎝の円形にまとめる。

4 揚げ油を180℃に熱して3を入れ、そのまま5分ほどかけてカリッとするまで揚げ、油をよくきる。

セロリ

いつもの食べ方　あるある

食べ方は決まって
ピクルスかサラダ

筋を取って薄切り、
シャキシャキ感で
食べるくりかえし

セロリって本当は
どう食べていいか
わからない

新提案！

和風で味わう

セロリは独特の香りとシャキシャキした食感が持ち味なので、それを生かす料理になりがちですよね。でも食感と香りがふきに似ているので、**和風の煮物にしてもとってもおいしいことを知っていますか？**　しかも**茎の部分は甘みがあり、じっくり煮込んでもやわらかくなりすぎず、ほどよい食感が残ります**。また、葉は香りを生かして香味野菜やハーブのように使えます。

じっくり煮込んだセロリは春野菜の香り！

油揚げのうまみでだしは不要！

セロリと油揚げの煮物

●材料（2人分）

セロリ……**小2本（160g）**
油揚げ …………1枚（30g）
A
- 水 ……………1カップ
- みりん ………大さじ2
- 塩 …………小さじ1/2
- しょうゆ………… 少々

●作り方

1 セロリは筋を取り、茎は乱切りにする。葉は手でちぎる。

2 油揚げはぬるま湯でもみ洗いをして水けをきり、2㎝幅に切る。

3 小鍋に**A**を入れて中火にかけ、煮立ったらセロリの茎、油揚げを入れる。ふたをずらしてのせ、弱火で20分煮る。葉を加えてさっと混ぜる。

セロリの葉は仕上げにちらして
香りを楽しむ♪

ごはんにのせて丼にするのもおすすめ！

セロリと鶏肉の卵とじ

●材料（2人分）

セロリ……………… 小1本(80g)
鶏むね肉………… 1/2枚（100g）
卵…………………………………… 2個
薄力粉 …………………… 小さじ1
A［ 水 ………………… 1/2カップ
　　しょうゆ、みりん
　　…………………… 各大さじ1

●作り方

1 セロリは筋を取って茎は斜め薄切り、葉はせん切りにする。鶏肉は8㎜厚さのそぎ切りにする。

2 ボウルに卵を割り入れ、卵黄を先にくずしてから菜箸で15回ほどを目安に軽くほぐす。

3 直径20㎝のフライパンに**A**を入れて中火にかけ、2分煮立てる。セロリの茎を加えて1～2分煮る。

4 鶏肉に薄力粉をまぶし、余分な粉をはたいて3に入れ、色が変わるまで1分煮て、上下を返してさらに1分煮る。2を2回に分けてまわし入れ、トロリとした半熟状になるまでゆすりながら1分煮て火を止め、セロリの葉をちらす。

長ねぎ

いつもの食べ方 あるある

切り方はいつも
だいたい同じ

辛くするのか？
甘くするのか？
どっちが正解？

長ねぎといえば薬味、
でも細かく切るのが
面倒……

新提案！

薄切りと厚切りを使い分ける

長ねぎは切り方で味わいが変わることをご存じですか？　**斜め薄切りにすれば香りが増して繊細な食感になりますが、5〜6㎝長さに切ってオイルで煮ると甘みがぐっと引き出されます。1.5㎝厚さの斜め切りにすれば、辛みと甘みのバランスがよくなるので炒め物にぴったり！**
切り方次第で味わいが変わる不思議な野菜、それぞれのおいしさを楽しみましょう。

長ねぎも牛肉も広げて焼くのがコツ!

厚切り長ねぎと牛肉のカレーしょうゆ炒め

●材料(2人分)

長ねぎ ……………………**2本(200g)**
牛薄切り肉(肩ロース・ももなど)
……………………………………200g
A しょうゆ、ごま油 ……………………各小さじ1
A 片栗粉……………大さじ1/2
ごま油……… 小さじ1+小さじ2
B しょうゆ、みりん ……………………各大さじ1
B カレー粉……………小さじ1

いつもと違うコツ!

厚めに切ると長ねぎの外側のシャキッとした食感、内側のトロリとした食感が同時に味わえます。

●作り方

1 牛肉は大きければ半分に切り、**A**を加えてよくからめる。**長ねぎは1.5cm厚さの斜め切りにする**。

2 フライパンにごま油小さじ1を中火で熱し、牛肉を広げ入れて1分焼き、上下を返して1分焼いて取り出す。

3 フライパンの汚れを軽くキッチンペーパーでふき取る。残りのごま油を足して中火で熱し、長ねぎを広げ入れて動かさずに2分焼き、上下を返して1分炒める。

4 フライパンの中央を空け、混ぜ合わせた**B**を煮立て2を戻し入れる。強火で1分ほど水分をとばしながら全体に味をからめる。

煮ると甘みが増してトロリとした食感に！

自慢したくなる洋風作りおき♡

ぶつ切り長ねぎのオイル煮

●材料（作りやすい分量）

長ねぎ
…… **3本（300g・青い部分を含む）**

オリーブ油 ………………… 大さじ3

A ［ 水 …………………… 1/2カップ
　　塩 …………………… 小さじ1

酢 ……………………… 小さじ2

いつもと違うコツ！
少ない水分で煮ると長ねぎのとろみがうまみになるのがわかります。

●作り方

1 長ねぎは5～6㎝長さに切る。

2 フライパンにオリーブ油を中火で熱し、1を入れて2～3分焼き、焼き色をつける。

3 **A**を加えて煮立ったら、**ふたをして弱火で15分煮る。**酢を加えて混ぜ、火を止める。粗熱がとれたら密閉容器に移し、冷蔵庫で十分に冷やす。冷蔵で1週間保存可能。

豚バラを湯通しすれば上品なスープに！

薄切り長ねぎたっぷり豚バラスープ

●材料（2人分）

長ねぎ……………………**1本（100g）**
豚バラ薄切り肉……100〜150g
しょうが…………………………1かけ

A	水	2と1/2カップ
	みりん	大さじ2
	しょうゆ	小さじ2
	塩	小さじ1/2

ゆずこしょう、すだち….各適宜

●作り方

1. 豚肉は6㎝長さに切って耐熱ボウルに入れ、かぶるくらいの熱湯を注ぎ、1分おいて取り出す。
2. 長ねぎは斜め薄切り、しょうがはせん切りにする。
3. 鍋に**A**を入れて中火にかけ、煮立ったら1、2を入れ、弱火で5分煮る。器に取り分け、お好みでゆずこしょうを添え、すだちをしぼって食べる。

ブロッコリー

いつもの食べ方あるある

小房に分けてゆでるのが当たり前！

味変はできるけどいつもだいたい見た目は一緒！

ブロッコリーのおいしい食べ方、もっと知りたい！

新提案!

小房に分けてゆでない

「ブロッコリーは小房に分けてゆでる」が呪文のように浸透していますよね。でもその食べ方に飽きている人も多いはず。例えば、**ゆでたブロッコリーの花蕾を細かく刻んでサラダにしたり、あるいは大きめのくし形切りにしてから蒸し煮にしたことってありますか？**　見た目も食感も激変して、ブロッコリーの新たなおいしさに出会えます。

カリッと焼いたパンにのせてもおいしい

刻みブロッコリーのクスクス風

●材料(2人分)

ブロッコリー………… 大1/2株(150g)
玉ねぎ……………………………………30g
ミックスナッツ…………………………10g

A
- 酢……………………………… 大さじ1
- 塩………………………………小さじ1/4
- こしょう……………………………少々
- オリーブ油…………………… 大さじ1

●作り方

1 ブロッコリーは小房に分ける。鍋に湯3～4カップを沸かし、沸騰したら塩小さじ1/2(分量外)を入れ、ブロッコリーを加えて2分ゆで、ざるにあげて手早く冷ます。

2 玉ねぎは粗みじん切りにする。ミックスナッツは刻む。

3 1を端から粗く刻み、2と合わせる。混ぜ合わせた**A**を加えてあえる。

ギュッとしぼったレモンの酸味がこれまた合う

くし形切りブロッコリーと鶏肉の蒸し煮

●材料（2人分）

ブロッコリー……1株（200g～250g）
鶏もも肉……1枚（250g）
A［塩……小さじ2/3
　 砂糖……小さじ1
B［水……大さじ4～5
　 オリーブ油……大さじ1
レモン（くし形切り）……適宜

いつもと違うコツ！
茎は切り落とさず、ダイナミックに茎ごとくし形切りにして使います。

●作り方

1. 鶏肉は6等分に切り、**A**をもみ込んで5分おく。
2. ブロッコリーは茎の硬い部分はピーラーで薄くむき、**茎ごと4～6等分の大きめのくし形切りにする**。
3. フライパンに2を広げて1をのせ、**B**をふり入れてからめる。
4. ふたをして中火にかけ、ふつふつとしてきたらそのまま8～10分蒸し煮にする。器に盛り、お好みでレモンをしぼる。

玉ねぎ

新提案!

切り方を変えて新しい味と出会う

玉ねぎといえば、みじん切りにしてハンバーグに混ぜ込む、薄切りにして炒めるなど、甘みやうまみのベースになる野菜ですが、意外と一度に消費しづらく、切る手間のわりには存在感が薄くなりがち。そこで**繊維を断つように切る**、**ゴロゴロと大きめに切ることで**、**漬け物や炊き込みごはん**、**揚げ物などで存在感を出しましょう**。うまみや食感のバリエーションに驚きますよ。

いつもの食べ方
あるある

いつも薄切りや
みじん切りに
悪戦苦闘!

玉ねぎ好きだけど
満足感が
イマイチ……

使いきりたいけど
だいたい同じ料理に
なっちゃう

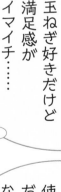

切って漬けるだけで超かんたん！

薄切り玉ねぎのしょうが酢じょうゆ漬け

繊維を断つように切ると辛みが抜ける！

●材料（作りやすい分量）

玉ねぎ……………………1個（200g）
しょうが…………………………1かけ

A
- 黒酢（または酢）………大さじ3
- 砂糖……………………大さじ2
- しょうゆ………………大さじ1

●作り方

1 玉ねぎは縦半分に切り、繊維を断つように1cm幅に切る。しょうがはせん切りにする。

2 ジッパー付き保存袋にAを入れ、1を加えて軽くもみ、1時間以上おく。冷蔵で2週間保存可能。

大量消費ができる作りおき！

日をおくほどにまろやかな辛みに

くし形切り玉ねぎの水キムチ

●材料（作りやすい分量）

玉ねぎ……………………1個（200g）
塩…………………………………小さじ1

A
- 水…………………………1/2カップ
- しょうが（すりおろし）…1かけ分
- にんにく（すりおろし）…1かけ分
- はちみつ（または砂糖）…大さじ2
- 酢…………………………大さじ1
- 豆板醤……………………小さじ1/2～

●作り方

1 玉ねぎは8等分のくし形切りにする。

2 ジッパー付き保存袋に1と塩を入れて軽くもみ、5分おく。

3 2にAを加えて混ぜ、1時間以上おく。冷蔵で2週間保存可能。

野菜は玉ねぎだけなのに
圧倒的な存在感！

ツナの缶汁がだし代わり！

丸ごと玉ねぎの炊き込みピラフ

●材料（2人分）

玉ねぎ……………………**1個（200g）**
米……………………………………2合
ツナ油漬け缶…………小1缶（70g）
A［水…… 1と3/4カップ（350㎖）
　 塩……………………………小さじ1
バター……………………………10g
パセリ（みじん切り）………………適量

いつもと違うコツ！

玉ねぎは縦4つ割りにしてから炊きます。じっくり長めに加熱するとうまみが出て、しかも食感が残り、満足感が増します。

●作り方

1. 米は炊く30分以上前にとぎ、ざるにあげる。
2. 玉ねぎは縦4つ割りにし、形を元に戻す。
3. 炊飯器に1を入れ、ツナ缶を缶汁ごと加える。**2をのせて、合わせたAを注ぎ入れ、普通炊きモードで炊く**。
4. 炊き上がったら、バターを加えて上下を返す。器に盛り、パセリをちらす。

もう普通の串カツには戻れない！

くし形切り玉ねぎの肉巻きカツ

●材料（2人分）

玉ねぎ……………………**1個（200g）**
豚ロース薄切り肉…8枚（200g）
塩…………………………小さじ1/4
こしょう………………………少々
A［牛乳、薄力粉…各大さじ4
パン粉……………………1カップ
揚げ油…………………………適量
B［中濃ソース…………大さじ2
　 酢………………………小さじ2

いつもと違うコツ！

玉ねぎの甘みを引き出すため、牛乳と薄力粉のバッター液でしっかり衣づけします。

●作り方

1. 玉ねぎは8等分のくし形切りにする。
2. ボウルにパン粉を入れ、よくつぶして細かくする。
3. 豚肉は塩、こしょうをふり、1を芯にしてくるくると巻き、しっかり包む。**よく混ぜ合わせたAをからめ**、全体に2をまぶす。
4. 揚げ油を180℃に熱し、3を一度に入れ、転がしながら5〜6分揚げる。油をよくきって器に盛り、混ぜ合わせたBをかける。

コラム ❶

香味野菜の新しい使い方

薬味野菜としておなじみのにんにくとしょうが、みょうが、そして、わりと見た目と香りが似ている小ねぎとにら。切り方や使い方を少し見直すだけで、それぞれの個性が際立ち、料理のレパートリーもグンと広がります。

にんにく

香りの立ち方は、切り方次第で強くも弱くもなります。
料理によって使い分けましょう。

薄切り

➡加熱時間が短い野菜炒めのほか、かつおのたたきなど生で食べるときに。繊維にそって切ると香りが穏やかになります。

半分に切る

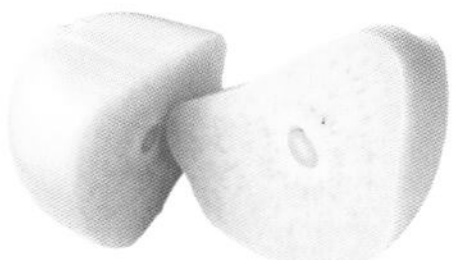

➡焼く、煮る時間が長いときに。じっくり加熱すると甘みが増してホクホクの食感になり、具としても味わえます。小さい1かけなら切らずにそのままでも。

角切り

➡5㎜角程度に切って使うと、あまり香りが強調されず、ほどよく風味を移すことが可能です。本書ではP.27の「チンゲン菜とにんにくの塩炒め」などで活用。

輪切り

➡繊維を断つ切り方です。ペペロンチーノやフライドガーリックなど、油と一緒に加熱してすぐに香りを出したいときにぴったり。

みじん切りはオイルパスタに使えます！

みじん切りにんにくのオイル漬け

●材料（作りやすい分量）と作り方

1 **にんにく3かけ(30g)**はみじん切りにする。

2 清潔な保存瓶に1を入れ、**オリーブ油1カップ**を加えてふたをする。冷蔵で1か月保存可能。

➡オイルだけなら、カルパッチョや料理の仕上げに。にんにくはそのまま炒め物やパスタのソースにと、使い分けができます。

しょうが

薄切りにする、すりおろすなど、わりと同じ使い方になりがちです。
でも形を変えれば、香りも辛みも自由自在に操ることができます。

せん切り

➡ピリッと風味をきかせたい煮物や、最後に加えて香りと辛みのパンチをきかせたいときに。本書ではP.15の「くし形切りレタスと鶏団子の煮物」などで活用。

角切り

➡5㎜程度の角切りにして煮物や炒め物に。加熱してもほどよく食感が残り、具としても楽しめる切り方です。炊き込みご飯にしてもおいしいです。

短冊切り

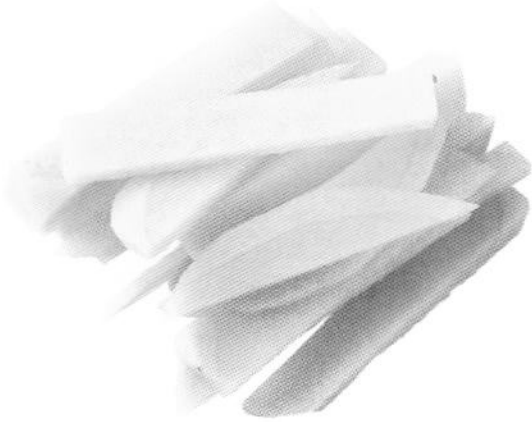

➡肉や魚介と一緒に炒めれば、さわやかな香りが立ちます。そのまま具材としていただくので、食感や味のアクセントにも。スープや定番のしょうが焼きにも◎。

冷凍保存もできる！

厚切りにしてから ラップに包んで冷凍保存

➡端から切ったり、おろしたりできます。すりおろして冷凍するよりラク！ 余ったら再度ラップで包んで冷凍で2か月保存可能。

粗みじん切りは香り酢として料理の仕上げに！

粗みじん切りしょうがの酢漬け

●材料（作りやすい分量）と作り方

1 **しょうが3かけ（30g）**は粗みじん切りにする。

2 清潔な保存瓶に1を入れ、**酢1カップ**を加えてふたをする。冷蔵で1か月保存可能。

➡酢だけならドレッシングや合わせ酢に。しょうがだけ取り出して薬味にと、使い分けができます。

みょうが

清涼感のある香りが心地よく、歯ざわりもクセになるみょうが。
薬味だけにとどめておくのはもったいない食材なので、
いろいろな料理に活用しましょう。

縦半分に切ってから斜め薄切り

➡長ねぎのせん切りのように使うことができます。あえ物をはじめ、サラダうどんにトッピングしてもOK！ 水にさらすとシャキシャキ感が増します。

粗みじん切り

➡細かめに切ってしょうがのように扱います。たれやソースに使ったり、餃子やつくねの肉だねに混ぜたりするのもおすすめです。

縦半分または4つ割り

➡甘酢漬けやピクルスをはじめ、肉巻きや煮物、天ぷらや揚げびたしなどに。辛みがしっかり際立ち、存在感があります。

小口切り

➡小ねぎのように薬味として使えるので冷ややっこやみそ汁、混ぜ寿司などに大活躍！ また具材とからみやすいので、あえ物にも向いています。

小ねぎ

小ねぎは小口切りにして使うのが
定番だと思っている人は必見！
１把買ってきたら場所によって使い分けると
さらにおいしさが引き出せます。

葉先は青じそ風

➡葉先はフワッとやわらかいので、薬味として香りを楽しむのはもちろん、斜め切りにすれば、仕上げの飾りにもぴったり。

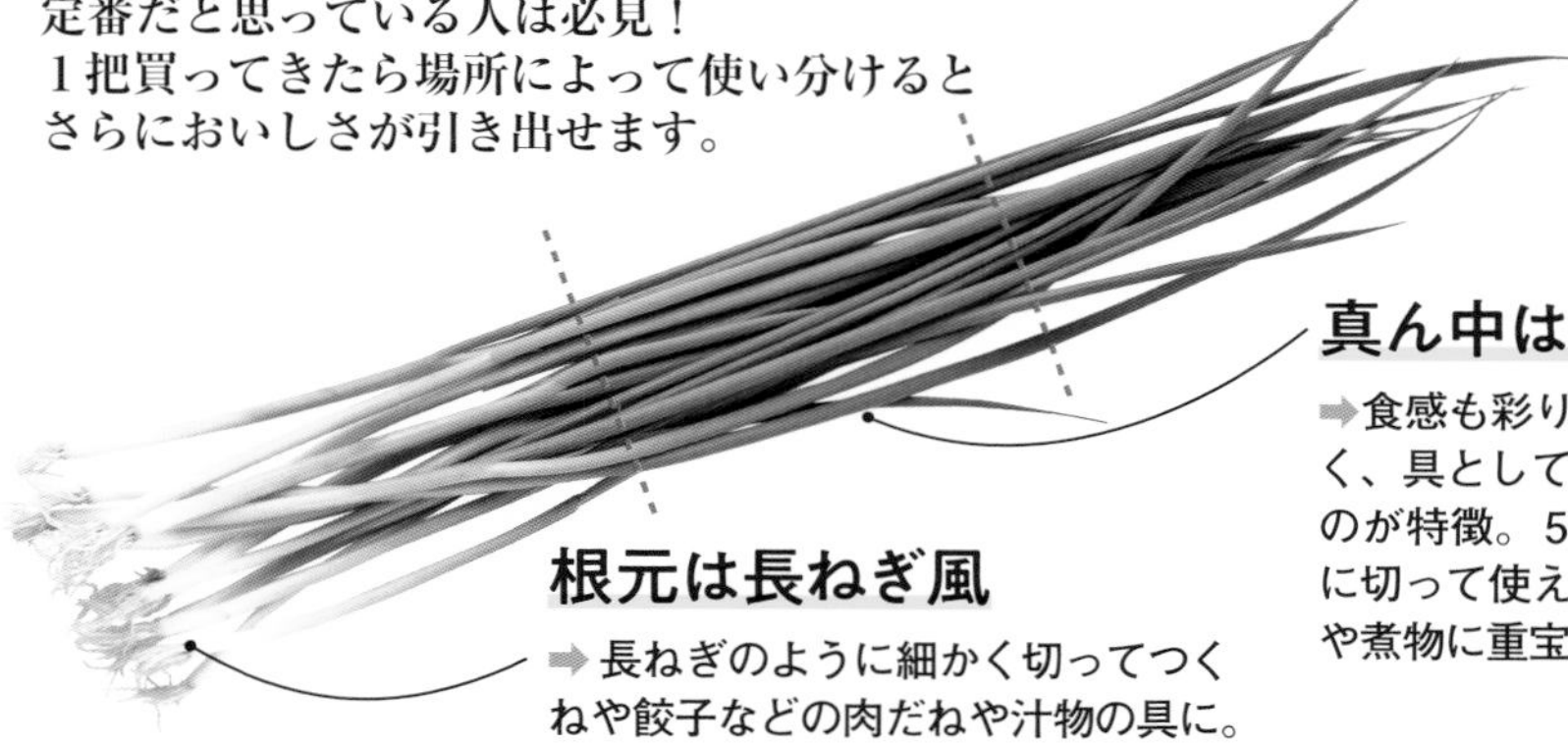

真ん中はにら風

➡食感も彩りも香りもよく、具としても楽しめるのが特徴。５～６㎝長さに切って使えば、炒め物や煮物に重宝します。

根元は長ねぎ風

➡長ねぎのように細かく切ってつくねや餃子などの肉だねや汁物の具に。

にら

にらは小ねぎと同様に使う場所や調理法で
味わいが変わってきます。
にらといえば「レバにら炒め」しか
おいしさを知らない人は、
ぜひ、試してみてください。

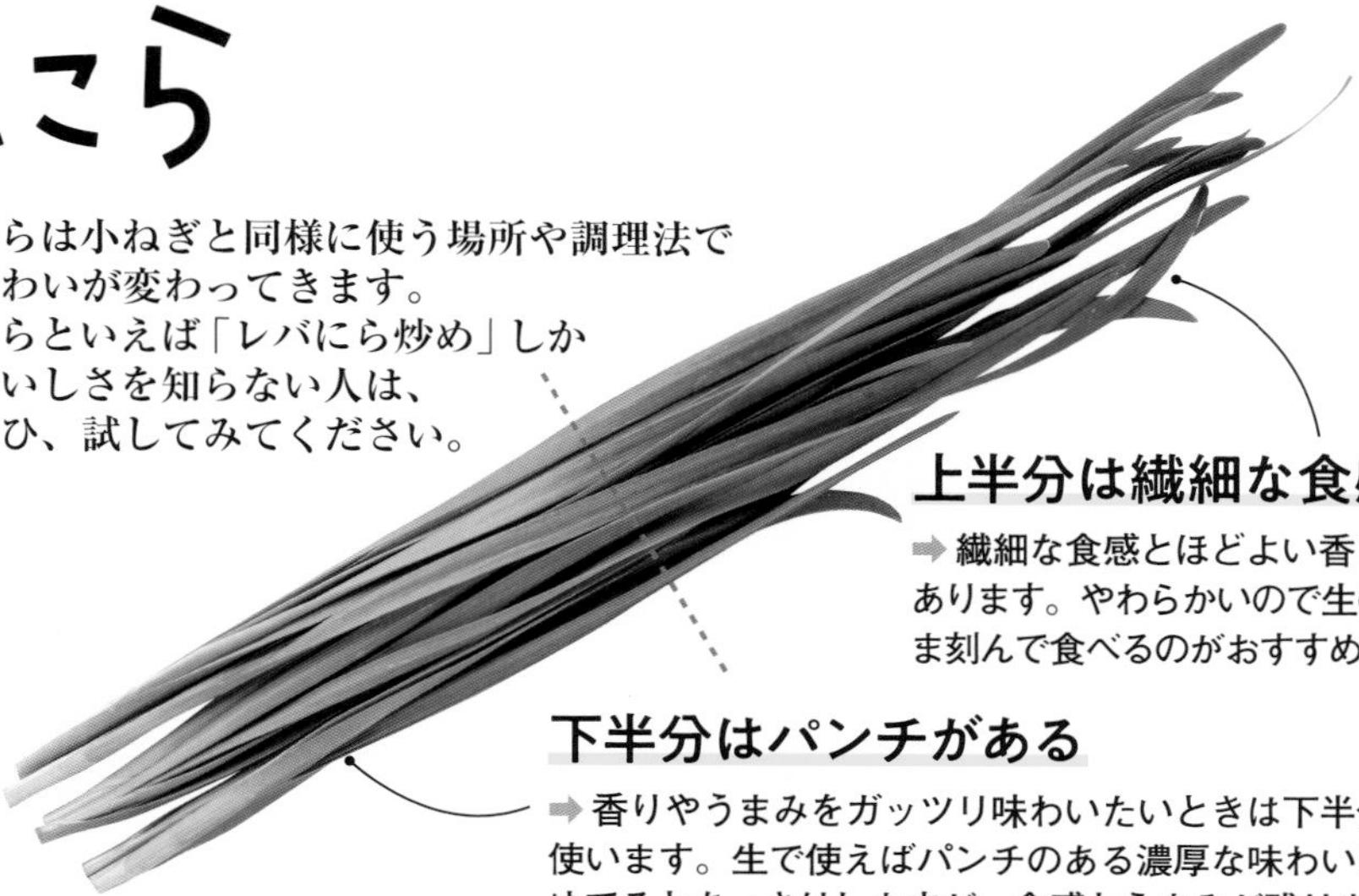

上半分は繊細な食感

➡ 繊細な食感とほどよい香りがあります。やわらかいので生のまま刻んで食べるのがおすすめ。

下半分はパンチがある

➡ 香りやうまみをガッツリ味わいたいときは下半分を使います。生で使えばパンチのある濃厚な味わいに。ゆでるとあっさりしますが、食感とうまみが残ります。

しょうゆに漬け込んだ生にらの香りと卵の組み合わせが妙！

ゆで卵の刻み生にらしょうゆがけ

●材料（作りやすい分量）と作り方

1. **にら1/2把（50g）**は2㎜幅に切り、**すりごま（白）大さじ1、しょうゆ大さじ2、酢小さじ1、ごま油小さじ1**とよく混ぜる。
2. **ゆで卵2個**を半分に切って器に盛り、1を適宜かける。またはゆで卵を1に漬け、1日おいてもよい。

ゆでるとほどよく香りと辛みが抜けて上品な味わいに！

ゆでにらの温玉のせ

●材料（2人分）と作り方

1. **にら1把（100g）**は4㎝長さに切る。小鍋に熱湯を沸かし、30秒ゆでる。
2. ざるにあげて粗熱をとり、**しょうゆ大さじ1、水大さじ3、砂糖小さじ1、削り節2g**とあえる。
3. 2を2等分にして器に盛り、**温泉卵2個**をそれぞれのせ、混ぜながら食べる。

実を食べる野菜

なす

いつもの食べ方あるある

思いのほか、油を使ってカロリーオーバー

炒めるのはおいしいけど油っぽくしたくない

漬け物以外でも食べてみたい

新提案！

油とちょうどよく合わせる

油と相性がいいなすですが、炒め物や揚げ物ばかりでは油っぽくなりすぎて残念な仕上がりになることが多々あります。でも、**料理によって油を合わせるタイミングを変えることで、これが格段においしくなります。焼く前に油をからめる、塩もみしてから油とあえる、皮をむいてから衣をつけて揚げる**などすると、油が適量になり、「なすと油のちょうどいい関係ってこうだったんだ！」と実感できます。

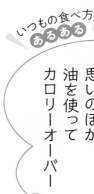

白いごはんにワンバウンドさせて食べたい！

なすの照り焼き

●材料（2人分）

なす……………………**3本（240g）**
ごま油……………………大さじ2
A［しょうゆ…………大さじ1
　 みりん………………大さじ2
　 片栗粉…………小さじ1/2］

いつもと違うコツ！

最初にごま油をからめておくと、少ない油でも十分しっとり焼き上がります。

●作り方

1 なすはヘタを取り、縦4つ割りにする。

2 さっと水にくぐらせて水けをふき取り、**フライパンに並べてごま油をからめる。**そのまま中火にかけ、動かさずに2～3分焼く。焼き色がついたら転がしながら全体に焼き色をつけ、火が通るまで7～8分焼く。

3 混ぜ合わせた**A**を加え、全体にとろみが出て煮汁がからむまで1分ほど煮る。

塩もみなすと油のちょうどの距離感に納得！

レモンと青じそで爽快感マシマシ！

なすのレモンオイルあえ

●材料（2人分）

なす……………………**3本（240g）**

A［塩……………………小さじ1/2
　 水……………………大さじ1

B［オリーブ油………大さじ1
　 レモン汁…………小さじ1

青じその葉（またはバジルの葉）
……………………………………少々

●作り方

1 なすはヘタを取って斜め薄切りにし、**A**をふりからめ、20分おく。

2 1の水けを軽く絞り、**B**をからめ、ちぎった青じそを加えてあえる。

カリ♡サク♪トロ！の三拍子！

皮むきなすのから揚げカレー風味

●材料（2人分）

なす … 3本（正味200g）
牛乳 …………… 大さじ2
薄力粉 …… 大さじ3〜4
揚げ油 ………………… 適量
A
- 塩 ……… 小さじ1/4
- カレー粉、砂糖 ……… 各小さじ1

●作り方

1 **なすはヘタを取ってピーラーで皮をむき**、長さを半分に切ってから縦4つ割りにする。

2 1に牛乳をからめて取り出し、バットに薄力粉を広げて全体に薄くまぶす。

3 揚げ油を170℃に熱し、2を入れて衣がカリッとするまで3〜4分揚げる。

4 油をよくきり、熱いうちに混ぜ合わせたAをからめる。

いつもと違うコツ！

なすの実はスポンジのようにやわらかいので、皮をむいて揚げると短時間で火が通ります。

トマト・ミニトマト

新提案!

種のまわりのうまみをしっかり使う

トマトの種を気にしたことはありますか? トマトの果肉は旬の時期でないと水っぽいことがありますが、種のまわりにはうまみ成分であるグルタミン酸がたっぷり! そこでこの**種のうまみを上手く使って調理をすれば**、**おいしさを逃さずに食べられる**というわけです。その方法は**横に切る、くし形に切って冷凍する**だけといたってシンプル! これだけで種の濃厚なうまみを舌先がいち早くキャッチしてくれます。

いつもの食べ方 あるある

切り方を変えても味は一緒でしょ?

うまみ成分が多いっていうけどどこに?

トマトって冷凍してもおいしいの?

トマトから出るだしはごちそう!

輪切りトマトのマリネ

●材料(2人分)

トマト……………… 2個(300g)

A
- 塩 ……………… 小さじ1/4
- 砂糖…………… ひとつまみ
- 酢 ……………… 小さじ1
- オリーブ油……… 小さじ2

●作り方

1 トマトはヘタを取って横1㎝幅の輪切りにし、器にずらして並べる。

2 Aを順にかけ、冷蔵庫で30分以上おいて味をなじませる。

いつもと違うコツ!

トマトの種のうまみがしっかり味わえるように、輪切りにします。これでまんべんなく調味料も浸透します。

すりごまたっぷりで風味よく！

ミニトマトのごまあえ

●材料（2人分）

ミニトマト（赤・黄）
……………… 各5〜6個（150g）
砂糖 …………………… 小さじ1
しょうゆ ……………… 小さじ2
すりごま（白）………… 大さじ2

●作り方

1 ミニトマトはヘタを取って横半分に切り、砂糖、しょうゆをからめる。

2 すりごまを加え、ざっくりとあえる。

今までありそうでなかった副菜！

冷凍トマトのおひたし

●材料（2人分）

トマト ……………… 2個（300g）
A ［ しょうゆ ………… 大さじ2
　　砂糖、ごま油
　　……………… 各小さじ1 ］
削り節 ………………………… 適量

いつもと違うコツ！
トマトを冷凍するとうまみが増して味がグッと濃くなります。

●作り方

1 トマトはヘタを取って4等分のくし形切りにする。形を元に戻してトマト1個ずつラップで包み、**冷凍しておく（1か月保存可能）**。

2 耐熱容器に *1* を広げ、**A**をよく混ぜ合わせてかける。ふんわりとラップをかけ、電子レンジ（600W）で2〜3分加熱してお好みの硬さまで解凍する。削り節をかける。

種が落ちないように
ざっくりあえて！
溶けた果肉と調味料がだしになるー。

ピーマン

いつもの食べ方
あるある

ピーマンは切って炒めるものですよね

青臭さも気になって細かく切ってしまいがち

種とわたを取らなきゃいけないのは面倒！

新提案！

切らずに丸ごと！ダイナミックに食べる

ピーマンの種とわたを取るのって結構面倒なうえ、青臭さを消したくて、つい細かく切って調理をしがちです。でも大人がおいしく食べるなら、**種もわたも取らずに丸ごといきましょう**。合わせる調味料もこのダイナミックさに負けないみそやカレーなど味の濃いものを選びます。**オイルでこっくり蒸し煮にする**のもおすすめです。丸ごとなら栄養も逃さずとれるし、一石二鳥です。

ピーマンの存在感、丸ごとがクセになる！

日本酒や焼酎の相棒に！

みそ詰めピーマンの丸焼き

●材料（2人分）

ピーマン……………………… 4個（120g）

A ［ にんにく（すりおろし）…… 小さじ1/4
　 　 みそ……………………………大さじ1

サラダ油…………………………大さじ1

いつもと違うコツ！

ピーマンは軽く押しつぶすと、表面積が増えて味がしみ込みやすくなります。

●作り方

1 **ピーマンは親指を入れて縦に穴をあけ、軽くつぶす。**混ぜ合わせた**A**をピーマンの割れ目から内側にスプーンなどでざっくりと塗る。

2 直径20㎝のフライパンに1を並べ入れ、サラダ油をふりかけ、転がす。

3 強火にかけ、ピーマンの表面がふつふつしてきたら中火にし、3～4分焼く。焼き色を確認し、トングなどで上下を返す。途中でヘタの部分を立てて、そのまま2～3分焼く。

弱火でじっくり煮るのがコツ

丸ごとピーマンと鶏肉のオイル煮

●材料（2人分）

ピーマン…………4個（120g）
鶏もも肉……小１枚（200g）
にんにく…………………１かけ
A
- しょうゆ、砂糖……………各大さじ１
- 塩…………小さじ1/2
- オリーブ油…大さじ３

水……………………大さじ２

●作り方

1. 鶏肉は余分な脂肪を除いて筋を切り、４等分に切って**A**を加えて手でよくもみ混ぜる。
2. ピーマンは親指を入れて縦に穴をあけ、軽く押しつぶす（P.59参照）。にんにくは縦４等分に切る。
3. 直径20㎝のフライパンに１、２、水を入れて中火にかける。煮汁がふつふつと煮立ってきたら上下を返し、ふたをして弱火で10分蒸し煮にする。

さば缶は缶汁ごと使って

ピーマンとさば缶のクリーム煮

●材料（2人分）

ピーマン……………4個（120g）
さば水煮缶…………1缶（190g）
サラダ油……………………大さじ1
薄力粉………………………小さじ2
カレー粉…………………大さじ1/2
A
牛乳………………1/2カップ
砂糖…………………………小さじ1
塩………………………小さじ1/3

●作り方

1 ピーマンは親指を入れて縦に穴をあけ、軽く押しつぶす（P.59参照）。

2 直径20cmのフライパンに1を入れてサラダ油をふりかけ、中火で転がしながら焼き色をつける。薄力粉、カレー粉をふってざっとからめる。

3 さば缶を軽くほぐして缶汁ごと加え、混ぜ合わせたAを注ぎ入れる。煮立ったら、ふたをして弱火でゆるいとろみがつくまで4〜5分煮る。

パプリカ

新提案!

和風を定番にする

ピーマンの仲間ですが、肉厚で甘みが強いのが特徴。サラダやマリネ、ピクルス、ラタトゥイユなどによく使われますが、**実は、煮びたし、きんぴら、すき煮など、和風の味つけにもよく合います**。また赤パプリカはジューシーで濃厚、黄パプリカはすっきりとした甘さが特徴。これを料理によって使い分けたり組み合わせたりして、**和風を定番化させましょう！**

いつもの食べ方あるある

サラダやマリネしか思いつかない

イタリアン風にチーズやオリーブ油とよく組み合わせちゃう

鮮やかな色合いを彩りに添えるイメージ

削り節とパプリカが好相性

パプリカの煮びたし

●材料（2人分）

パプリカ（黄・赤）
……………**各1/2個（計150g）**

A
- 水………………1/3カップ
- しょうゆ…………小さじ4
- みりん……………小さじ2
- 削り節………小1袋（2g）

●作り方

1 パプリカは縦4つ割りにし、ヘタと種を取って**斜め細切りにする**。

2 小鍋に**A**を入れて煮立て、*1*を加えて上下を返しながら2分煮る。

いつもと違うコツ！

斜め細切りにするとやわらかい口当たりになり、味なじみもよくなります。

シャキトロのやさしい口当たり！

お弁当用の常備菜にもぴったり

パプリカのじゃこきんぴら

●材料（2人分）

パプリカ（黄・赤）‥各1/2個（計150g）
しめじ……………………………50g
ちりめんじゃこ………大さじ2（10g）
ごま油……………………………大さじ1
A［しょうゆ……………………大さじ1
　 砂糖…………………………小さじ1
七味唐辛子………………………適量

いつもと違うコツ！

繊維を断つように切ると火の通りと味のからみがよく、さらに噛みやすくなります。

●作り方

1 パプリカは縦4つ割りにし、ヘタと種を取って**繊維を断つように1cm幅に切る**。しめじは石づきを取り、小房に分ける。

2 フライパンにごま油を中火で熱し、1、ちりめんじゃこを広げ入れ、2分焼く。

3 上下を返すようにして1～2分炒め、パプリカが透き通ってきたらAを加え、火を強めてつやが出るまで炒める。器に盛り、七味唐辛子をふる。

肉厚だから煮くずれない！

パプリカと牛肉のすき煮

●材料（2人分）

パプリカ（赤）…………1個（150g）
牛肩ロースすき焼き用肉
……………………………200g
小ねぎ……………………30g
絹ごし豆腐…………1丁（300g）
A［しょうゆ……………大さじ2
　　砂糖…………………大さじ1
サラダ油………………小さじ2
卵……………………………2個
B［水……………………3/4カップ
　　みりん、しょうゆ
　　……………………各大さじ3
　　砂糖…………………大さじ1

●作り方

1. パプリカはヘタと種を取り、1㎝幅に切る。小ねぎは5㎝長さに切る。豆腐は4等分に切る。牛肉は**A**をからめておく。
2. 鍋かフライパンにサラダ油を中火で熱し、パプリカを2分炒める。合わせた**B**を加えて煮立たせ、2～3分煮る。
3. パプリカを端に寄せて牛肉を広げ入れ、豆腐を加えて煮汁をまわしかけながら4～5分煮る。
4. 小ねぎを加えてひと煮する。卵につけて食べる。

きゅうり

いつもの食べ方
あるある

サラダか漬け物しかないでしょ!

あとは切り方を変えるくらい

加熱していいの!? おいしいのかな?

新提案!

おろしてひんやり、加熱してさっぱり

きゅうりは夏だけでなく、一年を通して冷蔵庫に欠かせない定番の生野菜のひとつ。切ってすぐ食べられるのでサラダ、酢の物、漬け物などのお決まりが多くなっていませんか? そんなときは**同じ生でもすりおろす、ちぎる、また、温野菜として焼く、揚げるなど加熱して食べて**はどうでしょう。旬を外れた時期に試してみるのもアリですね。

ダブルきゅうりが涼しげ！

食欲がないときにもおすすめ

きゅうりのおろしきゅうりあえ

●材料（2人分）

きゅうり …………… 2本（200g）

A
- 塩 ………………… 小さじ1/3
- 砂糖、酢、オリーブ油 ………………… 各小さじ1
- こしょう ………………… 少々

●作り方

1. きゅうりは塩（分量外）をからめて板ずりし、さっと水洗いする。**1/2本分はすりおろし、Aと混ぜる**。
2. 残りのきゅうりはへらなどでつぶし、手でひと口大にちぎる。
3. 2に1をからめる。

いつもと違うコツ！

きゅうりをすりおろしてあえ衣に使います。

白ワインに合うおしゃれな前菜

きゅうりのガーリック焼き

●材料(2人分)

きゅうり…………… 2本(200g)
にんにく……………………1かけ
オリーブ油……… 大さじ1〜2
塩…………………………………少々
粉チーズ……………… 大さじ2

●作り方

1 きゅうりはさっと洗って縦半分に切り、さらに半分に切る。にんにくは4等分に切る。

2 フライパンにオリーブ油、にんにくを入れて中火にかけ、香りが出たら、きゅうりの断面を下にして入れ、強火で焼き色がつくまで焼く。

3 裏返して塩、粉チーズをふり、まわりに落ちたチーズが焦げるまで焼く。

加熱してもきゅうりはシャキシャキ！

きゅうりと鶏ひき肉のダブル春巻き

●材料（5本分）

きゅうり…………**1本（100g）**
鶏ひき肉……………………150g
A
- オイスターソース……………… 大さじ1
- ごま油………… 小さじ1
- こしょう……………少々
- 片栗粉………… 小さじ2

春巻きの皮………………… 10枚
サラダ油………… 1/2カップ

いつもと違うコツ！

春巻きの皮は二度巻きすれば、破れにくく、きゅうりなどの水分の多い具材でも失敗なしに揚げられます。

●作り方

1. 鶏ひき肉にAをからめる。
2. きゅうりは1cm厚さの斜め薄切りにしてから同じ幅に細切りにする。
3. **春巻きの皮1枚は手前に角がくるようにおき、1と2の1/5量ずつをのせて上下を折り、左右をたたんで巻き込み、水を塗ってとめる。さらに春巻きの皮をもう1枚広げて中央におき、同様に包んで二度巻きする**。全部で5本春巻きを作る。
4. フライパンに3を並べ、サラダ油をふりかける。中火にかけ、そのまま6～7分揚げ焼きにし、全体に色がついてきたら上下を返し、3～4分揚げ焼きにする。
5. 強めの中火にし、フライパンを傾けて油を少しため、側面も1～2分揚げ焼きにし、油をきる。

かぼちゃ

いつもの食べ方
あるある

かぼちゃの煮物、ごはんやお酒に合わない

かぼちゃの甘さがちょっと苦手

お菓子作りには使うけど

新提案!

カレー粉やチーズとマッチングさせる

かぼちゃの定番料理といえば、甘煮やそぼろあんかけなどの和風味が多いですよね。あのなつかしい味わいは確かにおいしいのですが、ちょっと冒険してみたくないですか。**ピーナッツバター、カレー粉、チーズなどと組み合わせると、かぼちゃの甘さと調和して意外と飽きずに食べられます**。煮物でないかぼちゃ料理を楽しんでみましょう。

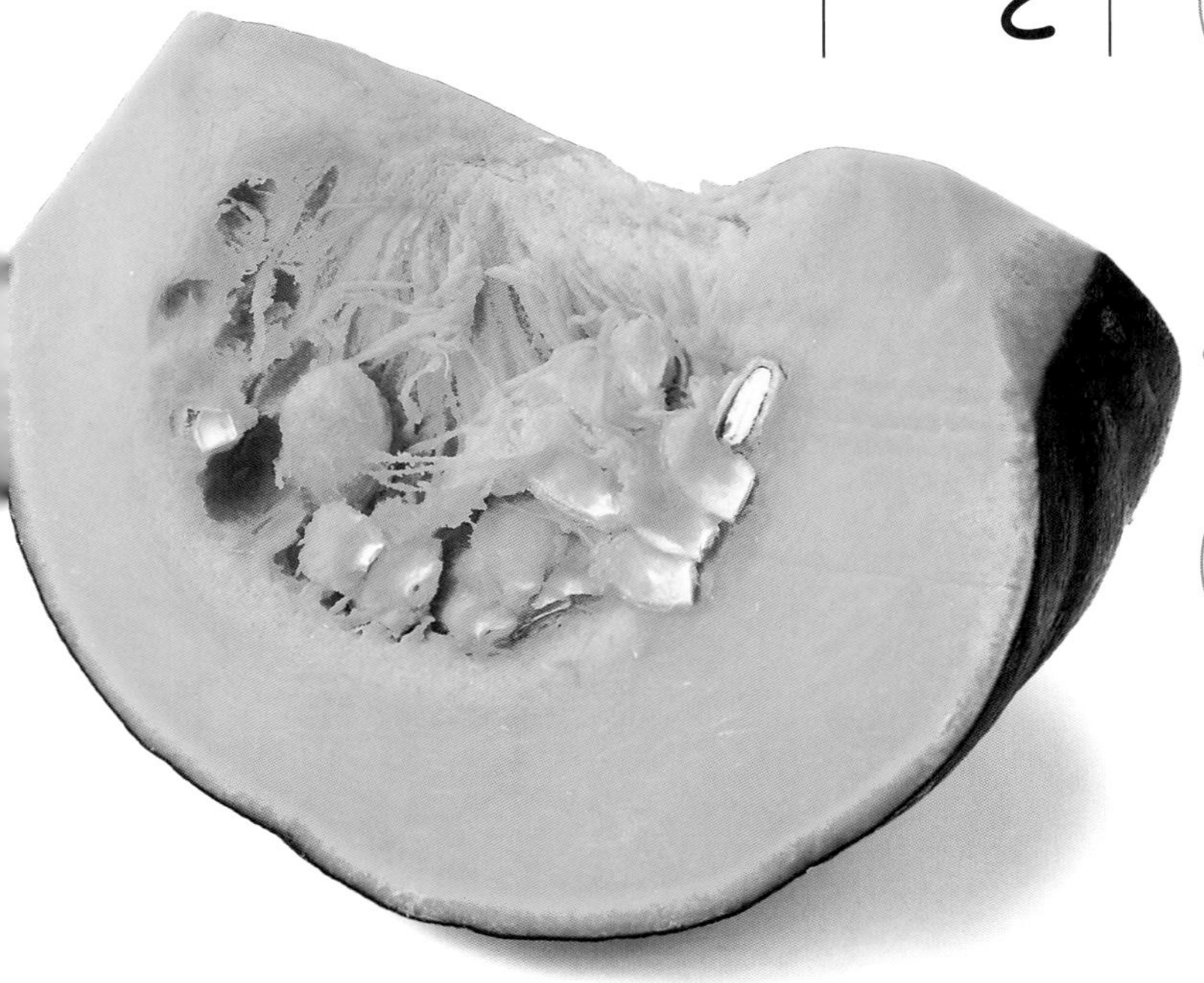

かぼちゃが少し
つぶれるくらいまで
混ぜてもOK!

甘塩っぱさがやみつき!

かぼちゃのピーナッツバターマヨ

●材料（2人分）

かぼちゃ …… 1/6個（正味200g）
水 …………………………… 大さじ2
ピーナッツバター …… 大さじ2
砂糖 ……………………… 小さじ1
マヨネーズ ……………… 大さじ3

●作り方

1 かぼちゃは種とわたを取り、ところどころ皮をむいて1.5㎝角に切る。

2 耐熱ボウルに1を入れて水をふり入れ、ふんわりとラップをかけて電子レンジ（600W）で6〜7分加熱する。

3 水分が残っていたら捨て、ピーナッツバター、砂糖を加え、軽く混ぜて粗熱をとる。さらにマヨネーズを加えてあえる。

外はカリカリ、中はホクホク！

揚げ焼きかぼちゃのカレー酢がらめ

●材料（2人分）

かぼちゃ……1/6個（正味200g）
サラダ油……大さじ3
A 塩……小さじ1/4
A 砂糖、カレー粉……各小さじ2
酢……小さじ1～2

いつもと違うコツ！
かぼちゃが熱いうちに調味料にからめると、味がよくなじみます。

●作り方

1 かぼちゃは種とわたを取り、1㎝厚さの大きめのいちょう切りにする。

2 フライパンに1を入れてサラダ油をからめる。中火で熱して4～5分、裏返して4～5分揚げ焼きにする。

3 2の油をきってボウルにとり、**熱いうちにAを加えてからめる**。まんべんなくなじんだら酢をからめる。

野菜はかぼちゃだけなのに華やか♡

細切りかぼちゃのチーズガレット

●材料（2人分）

かぼちゃ
…………**1/6個（正味200g）**

A［
- 塩…………ふたつまみ
- 砂糖…………大さじ1
- 薄力粉…………大さじ3

サラダ油…………大さじ2
ミックスチーズ
（溶けるタイプ）………40g
こしょう…………少々

●作り方

1 かぼちゃは種とわたを取り、ところどころ皮をむく。2㎜厚さの薄切りにしてから同じ幅の細めのせん切りにし、**A**を順に加えてよく混ぜる。

2 小さめのフライパンにサラダ油を中火で熱し、*1*を広げ入れる。平らにならし、フライ返しで押さえながら弱火で2～3分、焼き色がつくまで焼く。

3 フライパンよりひと回り小さい皿をかぶせて裏返し、フライパンにすべらせるように戻し入れる。こしょうをふってチーズをのせ、ふたをして中火でチーズが溶けるまで2～3分焼く。

4 器に盛り、切り分けて食べる。

塩とチーズでかぼちゃの甘みが引き立つ

根を食べる野菜

にんじん

いつもの食べ方 あるある

きんぴらとキャロットラペの繰り返し！

彩りに使うけど味は意識してません

よく食べるけど意外と主役にはならない野菜かも

新提案！

主役にして食べる

にんじんは、せん切りにしてキャロットラペやきんぴらにしたり、彩りで筑前煮にしたりなど、出番が多いわりに主役になれない野菜の1つですよね。でも**皮ごと大きめに切って焼いてマリネにする、角切りにして炒める、蒸し煮にしてからつぶしてスープにするなどすれば、脇役から脱して主役級にランクアップします。**ご紹介するレシピで、にんじんのとびきりのおいしさをぜひ存分に味わってください。

時間が経つほど味わい深くなる

焼きにんじんのカレーしょうゆマリネ

●材料（作りやすい分量）

にんじん…………2本（300g）
オリーブ油…………大さじ2
A
水…………大さじ3
酢、しょうゆ…………各大さじ2
砂糖、カレー粉…………各小さじ1

●作り方

1 **にんじんは皮をよく洗って皮付きのまま、長さを半分に切ってから縦4〜6つ割りにする。**

2 Aは合わせておく。

3 フライパンに1を入れ、オリーブ油をからめる。中火にかけて5分焼き、上下を返して3分焼く。熱いうちに2に漬け込んで粗熱をとる。

いつもと違うコツ！
皮をむかずに焼くと香りが強く引き出されます。

明太子が調味料代わり!

角切りにんじんの明太子炒め

●材料（2人分）

にんじん……………1本(150g)
辛子明太子……………………40g
A［水…………………大さじ2
　　ごま油…………………小さじ1

いつもと違うコツ!

角切りにして炒めることでにんじんの水分がしっかり抜け、濃い味わいに。

●作り方

1 **にんじんは皮をよく洗って皮付きのまま、1cm角に切る**。

2 小鍋ににんじん、ちぎった明太子、**A**を入れて中火にかける。よく混ぜながら、明太子の色が変わり、水分がなくなるまで4～5分かけて炒る。

ミキサーがなくてもできちゃう

ゆでつぶしにんじんのポタージュ

●材料（2人分）

にんじん……大1本(200g)
サラダ油……小さじ2
水……1カップ
塩……小さじ1/4
牛乳……1カップ
こしょう……少々

●作り方

1 にんじんは皮をむき、1cm厚さの輪切りにし、大きければ半月切りにする。

2 小鍋にサラダ油を中火で熱し、1を入れて動かさずに2分焼き、さらに2～3分かけてじっくり炒める。

3 いったん火を止め、水を注ぎ入れる。再び中火にかけ、煮立ったら弱火にし、塩を加えてふたをし、20分蒸し煮にする。

4 にんじんが十分にやわらかくなったら火を止め、マッシャーでつぶし、牛乳を少しずつ注ぐ。再び中火にかけ、煮立つ直前で火を止め、こしょうで味をととのえる。

食べる
ポタージュで
大満足！

大根

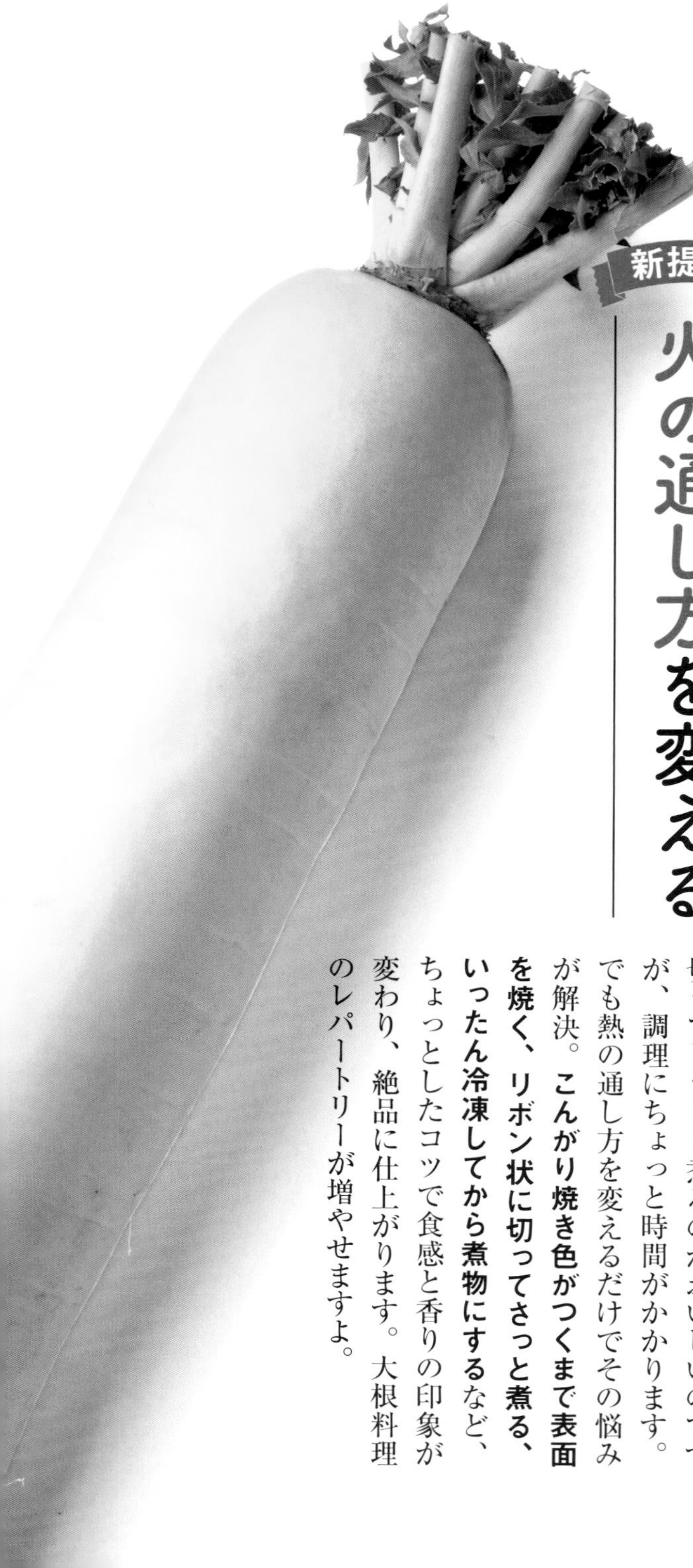

いつもの食べ方
あるある

煮ると
匂いが少し
気になる

大根サラダか
刺身のつまなら
食べるけど

冷凍すると
おいしいの？
食感が変わらない？

新提案！

火の通し方を変える

大根はおでんやぶり大根など大きめに切ってじっくり煮るのがおいしいのですが、調理にちょっと時間がかかります。でも熱の通し方を変えるだけでその悩みが解決。**こんがり焼き色がつくまで表面を焼く、リボン状に切ってさっと煮る、いったん冷凍してから煮物にする**など、ちょっとしたコツで食感と香りの印象が変わり、絶品に仕上がります。大根料理のレパートリーが増やせますよ。

見た目も食欲をそそります

焼き大根わさびクリーム添え

●材料(2人分)

大根……………………………**約8cm(300g)**
オリーブ油……………………………大さじ1
A［しょうゆ……………………………大さじ1
　 砂糖……………………………小さじ1
クリームチーズ……………………………50g
牛乳……………………………小さじ2
練りわさび……………………………小さじ1
小ねぎ(小口切り)……………………………適量

いつもと違うコツ!

こんがり焼き色がつくまで焼くと余分な水分が抜けてホクホク感が増します。

●作り方

1 大根は皮をむいて2cm厚さの輪切りにする。格子状に1cm深さの切り目を両面に入れる。

2 フライパンにオリーブ油を中火で熱し、1を並べ入れる。**表裏強火で2〜3分ずつ焼いて表面に焼き色をつける**。

3 いったん火を止めて混ぜ合わせたAを全体にからめる。再び中火にかけ、照りが出るまで味をよくからめ、器に盛る。

4 室温にもどしたクリームチーズに牛乳を加えてクリーム状に練り、3にのせ、小ねぎ、わさびを添える。

こんがり大根に濃厚なチーズがマッチ!

ピーラーを使えば
細長いスライスもかんたん！

ベーコンがだし代わり！

薄切り大根とベーコンのさっと煮

●材料（2人分）

大根……………**約5㎝（200g）**
スライスベーコン………60g
薄力粉…………………小さじ1
A［水…………………1カップ
　しょうゆ…………大さじ1
　みりん……………大さじ2
粗びき黒こしょう…………適量

●作り方

1 大根はピーラーで幅広の帯状にスライスする。

2 ベーコンは5㎝幅に切り、ざっと薄力粉をまぶす。

3 鍋に**A**を入れて中火にかけ、十分に煮立ったら2を加えて1分煮る。1も加えて1～2分煮たら火を止める。器に盛り、粗びき黒こしょうをふる。

薄切り肉なのにボリューム満点！

冷凍大根と豚肉の角煮風

●材料（2人分）

大根……………………**1/4本（300〜350g）**
豚バラ薄切り肉………12枚（200〜250g）
薄力粉………………………大さじ1〜2
サラダ油……………………大さじ1
A ［しょうゆ……………………大さじ3
　 みりん、砂糖…………各大さじ1
水……………………………1カップ

いつもと違うコツ！

大根は冷凍すると繊維がほぐれてやわらかくなるので、短時間加熱でも中まで味がしみしみになります。

●作り方

1 大根は皮をむいて3㎝厚さの4つ割りにし、**ラップに包んで冷凍庫で1日以上冷凍する**（1か月保存可能）。

2 豚肉は1枚を4〜5㎝幅のじゃ腹にたたみ、もう1枚を横向きに巻く。これを全部で6組作り、薄力粉をまぶす。

3 フライパンにサラダ油を強めの中火で熱し、2の全面を2分ずつ焼く。余分な脂をキッチンペーパーでふき取る。

4 混ぜ合わせた**A**を加え、全体に照りが出たら1を加えて水を注ぐ。煮立ったらふたをして弱火で15分蒸し煮にする。

冷凍した大根のとろっとした食感はハンパない！

ごぼう

いつもの食べ方 あるある

きんぴら、サラダ、豚汁のローテーション！

ごぼうの土臭さがちょっと苦手かも

皮はむくの？むかないの？

新提案！

皮ごとゆでたり、焼いたりして味わいを大転換！

定番すぎるきんぴら、マヨネーズをきかせたサラダ、好きだけど食べ飽きてしまった豚汁。このマンネリを打破するには、**加熱の仕方を変えて、使う調味料も大きく変えてみましょう。赤ワインや塩を使うほか、にんにくと合わせてしっかり焼けば、チャーハンにもなります。**しかもごぼうの皮には栄養もさることながら、うまみもたっぷり！ 調理するときはざっと洗って汚れを落とす程度にして、皮付きのまま使うのが正解です。

ごぼう臭さが
赤ワインの深みとマッチ!

洋風料理のつけ合わせにもおすすめ!

ごぼうの赤ワイン煮

●材料(作りやすい量)

ごぼう		1本(150g)
レーズン		大さじ2(30g)
A	赤ワイン	1/2カップ
	水	1/4カップ
	砂糖	大さじ3
	しょうゆ	大さじ1

●作り方

1 ごぼうはざっと洗って汚れを落とし、皮付きのまま5cm長さに切ってから縦4つ割りにする。

2 鍋に3～4カップの湯を沸かし、沸騰したら1を入れ、2分ゆでてざるにあげる。

3 2の鍋をさっと洗い、2、A、レーズンを入れ、中火にかける。2分煮立たせ、湿らせたキッチンペーパーをかぶせ、弱火にして煮汁がほとんどなくなるまで煮る。粗熱をとり、冷蔵庫で冷やす。

また食べたくなる絶品焼きめし

ごぼうのチャーハン

●材料（2人分）

ごぼう……………………1/2本（75g）
合いびき肉……………………150g
にんにく……………………1かけ
温かいごはん………300〜350g
A ［しょうゆ……………小さじ2
　 ［砂糖……………………小さじ1
サラダ油……………………小さじ2
B ［しょうゆ……………小さじ4
　 ［バター……………………10g
粗びき黒こしょう……小さじ1/2
小ねぎ（斜め薄切り）…………適量

●作り方

1 ごぼうはざっと洗って汚れを落とし、ささがきにする。水に5分さらして水けをきる。にんにくはみじん切りにする。

2 ひき肉は**A**をからめておく。

3 フライパンにサラダ油を中火で熱し、にんにく、ごぼう、2、ごはんを順にのせて広げ、2〜3分焼く。上下を返しながら3〜4分炒める。

4 フライパンの中央を空け、**B**を加えてバターを溶かし、さらに全体に行き渡るよう炒めて粗びき黒こしょうをふり、からめる。器に盛り、小ねぎを添える。

お弁当のおかずにもぴったり！

塩ごぼうと牛肉の煮物

●材料（2人分）

ごぼう……………1本（150g）
牛ロース薄切り肉…・200g
しょうが…………………1かけ
塩……………………小さじ1/2
A［しょうゆ、砂糖、
　みりん…・各大さじ1
水…………………1/3カップ

いつもと違うコツ！

あらかじめごぼうに塩をからめておくと早くやわらかくなり、味もよくしみます。

●作り方

1 ごぼうはざっと洗って汚れを落とし、斜め8㎜幅に切り、さっと水にくぐらせる。

2 牛肉はAをもみ込んでおく。しょうがはせん切りにする。

3 **フライパンに水けをきった1を入れて塩をからめ、5分おく。**

4 牛肉を広げ入れ、しょうがをちらして水を注ぎ入れる。中火にかけ、ふたをして1分煮立て、そのまま弱火にしてふたをずらして10分蒸し煮にする。火を止めて上下を返して5分蒸らす。

コラム ❷

硬めのアボカドのおいしい食べ方

食べごろだと思って買ってきたアボカド。切ったらまだ種も外れないなんて経験ありませんか？　でも大丈夫！　熟しきっていない硬めのアボカドでもおいしくなる、とっておきの食べ方をご紹介します。

レンチン！

加熱しすぎないように
半生でいただきます。

火を使わない超スピードメニュー！

アボカドの中華レンチン蒸し

●材料（2人分）

アボカド
……**1個（正味150g）**
小ねぎ……5本
A［オイスターソース……大さじ1
酢……小さじ1
ラー油……少々］

●作り方

1 アボカドは種にそって縦に切り込みを一周入れる。左右にひねって半分に割り、皮と種を除いて7～8㎜幅に切る。小ねぎは小口切りにする。

2 耐熱皿に1のアボカドを少しずらしながら2列に並べ、混ぜ合わせた**A**をかける。

3 ふんわりとラップをかけ、電子レンジで1～2分加熱する。小ねぎをのせて混ぜながら食べる。

クリーミーでなめらかな舌触り！

炒める

大きめに切って、マヨネーズにからめるように炒めます。

焼き色をつけて香ばしさをプラス♬

クリーミーな
マヨネーズが炒め油代わり！

アボカドのマヨしょうゆ炒め

●材料（2人分）

アボカド…………1個（正味150g）
マヨネーズ…………………大さじ1
しょうゆ……………小さじ1～2
こしょう……………………………少々

●作り方

1 アボカドは種にそって縦に切り込みを一周入れる。左右にひねって半分に割り、皮と種を除いて乱切りにする。

2 フライパンにマヨネーズを入れて中火で熱し、マヨネーズが溶けたら1を加え、動かさずに1～2分焼いてから1分ほど炒め、全体にマヨネーズをからめる。

3 しょうゆで味をととのえ、こしょうをふる。

おいしいアボカドMEMO

選び方 皮にハリとツヤがあり、色は濃い緑と黒の中間くらいのものが◎。しわがあったり、やわらかすぎるものはNG。

保存方法 熟す前なら冷暗所で保存。食べごろならポリ袋に入れて野菜室で保存。

揚げ焼き

“わさびじょうゆ”の
次の定番はコレかも。

ホクホク&トロ〜リの新食感!

硬めのアボカドこそ出番です

アボカドの揚げ焼きびたし

●材料(作りやすい分量)

アボカド……… **1個(正味150g)**
薄力粉…………… 大さじ1〜2
サラダ油……………… 大さじ2
しょうゆ………… 小さじ1〜2
削り節………………ひとつかみ

●作り方

1 アボカドは種にそって縦に切り込みを一周入れる。左右にひねって半分に割り、皮と種を除いて4つ割りにする。

2 1をさっと水にくぐらせ、薄力粉をまぶす。

3 フライパンにサラダ油を中火で熱し、2を2分ほどかけて転がしながら揚げ焼きにし、全体に焼き色をつける。

4 器に盛り、削り節、しょうゆをかける。

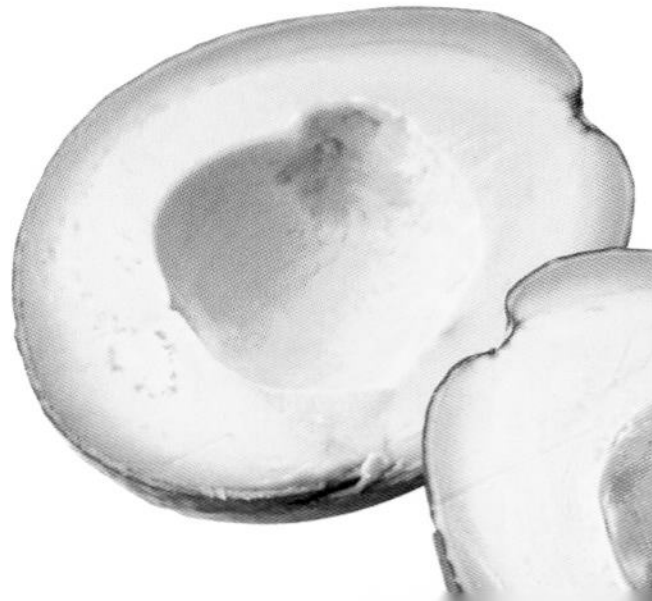

野菜の選び方と保存方法❶

葉・茎・花を食べる野菜編

【アスパラガス】

選び方　穂先がピンと締まっていて、茎は太さが均一かつ、筋っぽくないものがよい。穂先や切り口が乾燥して白っぽいもの、あるいはとろけて水っぽいものはNG。

保存方法　湿らせたキッチンペーパーで根元を包んでさらにラップで包み、立てて野菜室へ。1週間保存可能。

【カリフラワー・ブロッコリー】

選び方　カリフラワーは重量感があり、つぼみがクリーム色で締まっていて、まわりの葉が変色していないものが新鮮。ブロッコリーは中央がこんもりと盛り上がっていて、ずっしりと重いものがよい。つぼみが締まっているものを選ぼう。茎に「す」が入っておらず、切り口が変色していないものが◎。

保存方法　つぼみと茎を分け、つぼみは小房に分け、それぞれラップで包んでからポリ袋に入れてチルド室へ。1週間保存可能。

【キャベツ】

選び方　ずっしりと重く、しっかりと葉が巻かれていて、切り口がみずみずしいものを。春キャベツの場合は、葉の巻きがゆるく、丸くて軽いものが◎。カットされているものは断面が白く、芯の高さが短いものがよい。

保存方法　芯をくり抜き、湿らせたキッチンペーパーを詰めてから軽くラップで包み、ポリ袋に入れて野菜室へ。2週間保存可能。

【小ねぎ・にら】

選び方　小ねぎは葉先までピンとしているか、しおれた部分が混ざっていないかをチェック。根元は白くみずみずしいものがよい。にらは鮮やかな緑色で切り口がみずみずしく、葉先までピンとしていて、根元を持っても曲がらないほどハリのあるものが◎。

保存方法　軽く半分に折り、ラップで包んでポリ袋に入れてから立てて野菜室へ。1週間保存可能。

【小松菜・ほうれん草】

選び方　小松菜は茎がしっかりしていて葉にふんわりと厚みがあり、先端までピンとしているものがベスト。ほうれん草は根元は赤くてみずみずしく、小松菜と同様に葉は肉厚で緑が濃く、色鮮やかなものが◎。

保存方法　湿らせたキッチンペーパーで根元を包んでからポリ袋に入れ、空気を入れて膨らませ、立てて野菜室へ。1週間保存可能。

【サラダ菜】

選び方　葉がみずみずしくて緑色が濃く、ツヤとハリがあってふわっと軽いものが◎。切り口が乾いていないか、変色したりしていないかチェックして。

保存方法　湿らせたキッチンペーパーで根元を包んでからポリ袋に入れ、空気を入れて膨らませ、立てて野菜室へ。2〜3日保存可能。

【春菊・水菜】

選び方　春菊は葉にハリがあり、茎が太すぎないものがやわらかくておいしい。水菜は葉先がピンとしていて、葉の緑色と茎の白色の差がはっきりしているものが◎。

保存方法　湿らせたキッチンペーパーで根元を包んでからポリ袋に入れ、空気を入れて膨らませ、立てて野菜室へ。1週間保存可能。

【セロリ】

選び方　茎は肉厚で丸みがあり、「す」が入っていないものが◎。葉は緑色が濃く、ハリがあるものをセレクト。

保存方法　茎と葉に分け、それぞれラップで包んでから、立てて野菜室へ。茎は1週間、葉は3日保存可能。

【玉ねぎ】

選び方　皮の表面の色が濃くてツヤがあり、皮自体がパリッとよく乾燥しているものがよい。根の部分は直径が小さいほうが◎。新玉ねぎは普通の玉ねぎより水分が多いが、皮がぶよぶよしているものはNG。ずっしりと重みがあり、引き締まっているものがおいしい。

保存方法　普通の玉ねぎは丸ごとならネットに入れてつるすか、新聞紙を敷いたかごに入れ、風通しのよい冷暗所で1～2か月保存可能。使いかけの玉ねぎは、ラップで包んでポリ袋に入れてから冷蔵室で5日保存可能。新玉ねぎは1個ずつキッチンペーパーで包み、ポリ袋に入れて冷蔵室へ。1週間保存可能。

【チンゲン菜】

選び方　茎の長さは短くてハリやツヤがあり、根元は丸みを帯びているものが良品。葉の色は濃すぎると成長しすぎていて硬いので、淡い緑色がおすすめ。

保存方法　湿らせたキッチンペーパーで根元を包んでからポリ袋に入れ、空気を入れて膨らませ、立てて野菜室へ。4～5日保存可能。

【長ねぎ】

選び方　緑色が鮮やかなうえ、白い部分の太さが均一で傷がないものが◎。巻きがしっかりしていてふかふかしていないものを。

保存方法　緑色の部分と白い部分に分け、白い部分はさらに2等分に切り、ラップで包んでポリ袋に入れ、立てて野菜室へ。1週間保存可能。

【菜の花】

選び方　つぼみが閉じていて、切り口がみずみずしく、「す」が入っていないものが新鮮。

保存方法　湿らせたキッチンペーパーで根元を包んでからポリ袋に入れ、空気を入れて膨らませ、立てて野菜室へ。1週間保存可能。

【白菜】

選び方　キャベツ同様に重みがあり、先端の葉がしっかり詰まっていて、芯の切り口が割れていないものがおすすめ。カットされているものは、葉がぎっしり重なっていて、まっすぐ伸びているものが◎。

保存方法　1株丸ごとなら新聞紙で包み、野菜室へ。カットタイプはラップで包み、芯の部分を下にして立てて野菜室へ。10日保存可能。

【みょうが】

選び方　ふっくらと丸みがあって葉が閉じているもの、光沢があってピンクがかっているものが新鮮。

保存方法　パックから取り出して軽くラップで包み、ポリ袋に入れて野菜室へ。1週間保存可能。

【レタス】

選び方　葉の巻きがゆるく、持ったときに見た目より軽いほうがやわらかくておいしい。芯の切り口は白くてみずみずしいものが◎。葉に傷があったり、赤茶色に変色したりしていないものを選んで。

保存方法　レタスの成長を止めるために芯に楊枝を3本くらい刺し、湿らせたキッチンペーパーで芯を包んでからポリ袋に入れ、空気を入れて膨らませ、立てて野菜室へ。使うときは外葉からはがしていくと長持ちする。3～5日保存可能。

第2章

最小限の味つけ、調理法がいい！

旬の野菜のおいしい食べ方

菜の花、とうもろこし、白菜、カリフラワーなど、
旬の野菜はとにかく栄養が豊富なうえに
味が濃く、うまみや香りも豊かです。
あれこれあまり手を加えず、シンプルな味つけ、
シンプルな調理法でいただきましょう。

菜の花

旬は2～3月

いつもの食べ方あるある

辛子あえ、白あえのほかに食べ方あるの？

買ってきたらゆでておひたしがわが家の定番

あのほろ苦さは好きだけど食べ方がわからない

新提案！

あえないで、焼く

独特のほろ苦さと香りが持ち味の菜の花ですが、辛子あえ、白あえ、おひたし以外の食べ方を知らない人も多いはず。でも、**ひき肉に合わせたり、オリーブ油で香ばしく焼いたり、みそと砂糖で煮て作りおきにしたり**など、ちょっと目先を変えれば、いろいろな料理に活用できる野菜です。貴重な旬の時期にはたっぷり味わってください。

ほろ苦さが絶品！ コクのあるひき肉とマッチ！

栄養もうまみもたっぷり！

菜の花とひき肉のおやき

●材料（2人分）

菜の花		**100g**
豚ひき肉		100g
しょうゆ		大さじ1
薄力粉		大さじ6
A	卵	1個
	水	大さじ3
ごま油		大さじ1

●作り方

1 ひき肉にしょうゆを加えて混ぜる。菜の花は1㎝幅に切る。

2 ボウルに薄力粉を入れ、混ぜ合わせた**A**を少しずつ加えて混ぜる。1も加えて混ぜ、6等分にする。

3 フライパンにごま油を中火で熱し、2を1個ずつ丸く広げる。2～3分焼き、裏返して2～3分焼く。

冷水につけて葉をパリッとさせてから焼くのがコツ！

香ばしさが後を引く！

焼き菜の花

●材料（2人分）

菜の花……………………**150g**
オリーブ油……………大さじ1
塩…………………ひとつまみ
こしょう………………………少々

●作り方

1 菜の花は根元を1cmほど切り落とし、冷水に根元から浸して30分おき、葉を開かせる。

2 フライパンにオリーブ油を中火で熱し、水けをきった1を広げ入れる。塩、こしょうをふり、ヘラで軽く押しながら3～4分焼き、焼き色をつける。

3 上下を返してさらに2～3分焼く。取り出して長いまま器に盛る。

ご飯のお供やお酒のアテに♪

菜の花みそ

●材料（作りやすい分量）

菜の花…………………………**100g**

A	みそ	約大さじ4と2/3（80g）
	砂糖	約大さじ3と1/3～大さじ5と2/3（30～50g）
	酒	大さじ2

サラダ油……………………大さじ2

●作り方

1 菜の花は縦半分に切ってから粗みじん切りにする。

2 **A**は混ぜ合わせておく。

3 フライパンにサラダ油を中火で熱し、1を加えて2～3分炒める。2を加えて混ぜ、煮立ったら弱火にし、混ぜながらトロリとするまで10分ほど煮る。粗熱がとれたら密閉容器に移し、冷蔵する（2週間保存可能）。

弱火で混ぜながらとろみをつけます

アスパラガス

旬は4〜6月

新提案!

焼き物、漬け物で味わう

春に旬を迎えるアスパラガス。ポーチドエッグのせやベーコン巻きなどが定番かもしれません。でも、**トースターでじっくり焼いたり、生のまま漬け物風にしたり、さっとゆでて和食材と合わせたりする**と、ほかの野菜にはない歯ごたえと甘みを最大限に引き出すことができます。意外と和風味にはまります。

いつもの食べ方あるある

ポーチドエッグのせは鉄板でしょ！

お弁当の定番はベーコン巻き！

アスパラガスって生で食べたことないね

粉チーズで香ばしさアップ！

アスパラのマヨネーズ焼き

ゆでずにそのまま
じっくり焼くだけ！

●材料（2人分）

アスパラガス ………… 5～7本（150g）
塩 …………………………… 少々
マヨネーズ ……… 大さじ2
粉チーズ ………… 大さじ2

●作り方

1 アスパラガスはピーラーで根元の硬い部分を2㎝ほどむき、長さを半分に切る。

2 耐熱皿に1を広げ入れて塩をふり、マヨネーズを帯状にかけ、粉チーズをふる。

3 オーブントースター（1000W）で7～8分焼く。

手軽なポン酢しょうゆを使って！

たたきアスパラのポン酢漬け

生のアスパラのみずみずしさが新鮮！

●材料（2人分）

アスパラガス……………… **5〜7本（150g）**

A
- ポン酢しょうゆ……………大さじ2
- 砂糖 …………………………小さじ1
- 水 ……………………………大さじ1

●作り方

1. アスパラガスはピーラーで根元の硬い部分を2㎝ほどむき、ヘラなどで押しつぶし、5㎝長さに切る。
2. ジッパー付き保存袋に 1 、**A**を入れて軽くもみ、10分以上おく。
3. 漬け汁ごと器に盛る。冷蔵庫で3日間保存可能。

箸休めになるひと皿！

ゆでアスパラのとろろ昆布酢

さっと塩ゆでして下味をつけます

●材料（2人分）

アスパラガス……………… **5〜7本（150g）**

とろろ昆布 ……………… ひとつかみ（5g）

酢…………………………………小さじ1〜2

●作り方

1. アスパラガスはピーラーで根元の硬い部分を2㎝ほどむき、6㎝長さに切る。
2. 鍋に湯3〜4カップを沸かし、塩小さじ1（分量外）を入れる。 1 を2分ゆでてざるにあげ、水けをきって粗熱をとる。
3. とろろ昆布は包丁で粗く刻む。器に 2 を盛り、とろろ昆布をのせて酢をかけ、混ぜながら食べる。

そら豆

旬は4〜6月

いつもの食べ方あるある

そのままゆでる以外に食べ方ってあるの？

天ぷらはおいしいけど自分では作らない

ほかの食材と組み合わせたことはないかも

新提案！

じゃがいものように使う

初夏の訪れを感じさせるそら豆ですが、塩ゆでする、焼く以外にもおいしい食べ方があります。**ホクホクの食感を生かして、じゃがいものように使ってみては**どうでしょう。**ジャーマンポテトのように薄皮ごと炒めたり、ポテトサラダのようにレンジ加熱してつぶして使います。**ゆでる、焼くだけでは味わえない、そら豆のうまみに気づきますよ。

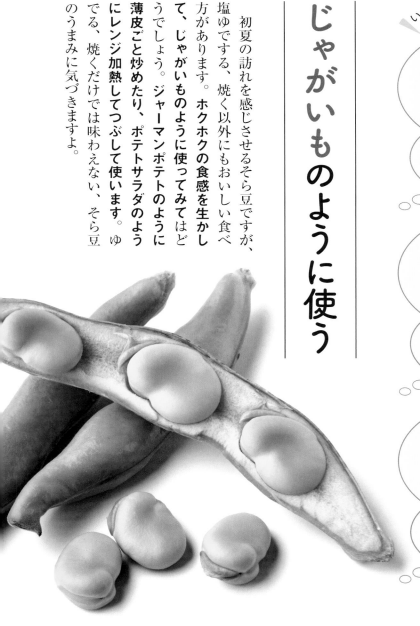

薄皮までおいしく食べられる!

ビールのお供の仲間入り!

皮付きそら豆とベーコンソテー ジャーマンポテト風

●材料（2人分）

そら豆（さや付き）
……30〜40粒（正味120〜150g）
玉ねぎ……………………1/4個（50g）
スライスベーコン……2枚（40g）
オリーブ油………………大さじ2
塩……………………………小さじ1/4
こしょう……………………………少々

●作り方

1. そら豆はさやから取り出す。玉ねぎは繊維にそって薄切りにする。ベーコンは2cm幅に切る。
2. フライパンにオリーブ油を中火で熱し、そら豆、玉ねぎを入れて2分焼く。
3. ベーコンを加え、3〜4分炒め、塩、こしょうで味をととのえる。

味つけはマヨネーズと塩だけ!

そら豆とハムのマッシュサラダ

●材料(2人分)

そら豆(さや付き)
……………………**30粒(正味120g)**
ハム……………………………………4枚
A［塩……………………………少々
　 水………………………… 大さじ3
マヨネーズ……………………… 大さじ2

いつもと違うコツ!

そら豆をこぶしでラップの上からつぶします。こうすると手間がなく、かんたんにつぶれます。

●作り方

1 そら豆はさやから取り出し、薄皮をむく。ハムは1cm四方に切る。

2 耐熱ボウルにそら豆を入れて**A**をふり、ふんわりとラップをかけて電子レンジ(600W)で4分加熱する。

3 取り出してそのまま粗熱をとり、**ラップの上からこぶしを入れてつぶす**。ラップを外してマヨネーズを加えて混ぜ、ハムも加えて軽く混ぜる。

ゴーヤ

旬は6〜9月

いつもの食べ方 あるある

ゴーヤチャンプルー、一択でしょ！

苦みをやわらげる調理ばかり考えちゃう

ゴーヤの食べ方の正解がわからない

新提案！

苦みを味方にする

夏になると無性にゴーヤが食べたくなりますよね。でも料理となるとゴーヤチャンプルー、一択になりがちです。そこでおすすめなのがみそ炒め。**濃いめのみそ味なら、ゴーヤのほろ苦さがよりおいしく感じられます**。もうひとつはピクルス。**カレー風味のピクルスなら、スパイシーさと甘酸っぱさがあいまってさわやかな苦みに変わります**。苦みを味方にした調理で暑さを乗りきりましょう。

肉なしでもごはんが進む！

ゴーヤのみそ炒め

●材料（2人分）

ゴーヤ…………1本（正味200g）

サラダ油………………大さじ1

A
- みそ………………大さじ2
- 砂糖………………小さじ2
- しょうゆ…………小さじ1
- 水………………大さじ3

●作り方

1 ゴーヤは縦半分に切って種とわたを取り、1㎝幅に切る。

2 フライパンにサラダ油を中火で熱し、1を広げ入れる。動かさずに2分焼き、上下を返しながら2分炒める。

3 混ぜ合わせた**A**を加え、火を強めて水分をとばすように2分炒める。

暑い時期の作りおきにイチ押し！

ゴーヤのピクルス

●材料（作りやすい分量）

ゴーヤ…………1本（正味200g）

A
- 水………………1/3カップ
- 酢………………1/2カップ
- 砂糖………………大さじ3
- 塩………………小さじ1
- カレー粉………小さじ1/2

いつもと違うコツ！

ゴーヤの苦みを生かすため、塩もみはなしで水にさらすだけでOK！

●作り方

1 **ゴーヤは縦半分に切って種とわたを取り、1.5㎝幅に切って3～4カップの水に10分さらす**。

2 小鍋に**A**を入れて強火で1分煮立て、ボウルにあけて粗熱をとる。

3 鍋に湯を沸かし、1を入れて2分ゆでる。水けをきり、熱いうちに2に漬け込み、味をなじませる。粗熱がとれたら密閉容器に移し、冷蔵で1週間保存可能。

カレーライスの
つけ合わせにも◎
苦みに負けないみそで味つけ！

オクラ

旬は6〜8月

いつもの食べ方　あるある

ゆですぎて歯ごたえがなくなっちゃう

かたくて食べにくいときがあるかも

とろろや冷ややっこにのせて食べるけど

新提案!

最小限の加熱にとどめる

ネバネバの食感が後を引くオクラ。ゆですぎて食感がイマイチになってしまった経験はありませんか？　旬のオクラは果肉がやわらかく、青臭さがないので、**加熱のしすぎは禁物**です。**さっと炒めたり、さっとゆでたり、あるいはごく薄い小口切りなら生でも食べられます**。オクラを食べるときは、「加熱は最小限に」を心がけましょう。

いつものしゃぶしゃぶに飽きたらぜひ！

焼きしゃぶのオクラソース

●材料（2人分）

オクラ……………… **6本（約80g）**
豚薄切り肉 ……………… 200g
しょうが ……………………… 1かけ
A
- しょうゆ………… 大さじ1
- 酢 …………………… 小さじ2
- 砂糖………………… 小さじ1

塩……………………… 小さじ1/3
サラダ油…………………… 小さじ2

いつもと違うコツ！

汚れとうぶ毛を取り、ごく薄い小口切りにすれば、生でも食べやすくなります。

●作り方

1 **オクラは塩（分量外）をふってこすり、さっと洗う。ガクを取り除き、薄い小口切りにする。**しょうがは粗みじん切りにし、オクラ、**A**と混ぜておく。

2 豚肉に塩をふる。

3 フライパンにサラダ油を中火で熱し、2を広げ入れて強火で2分焼く。焼き色がついたら上下を返し、さっと火を通して器に盛りつける。

4 1を3の肉にのせ、包んで食べる。

リピート必至の新定番おかず！

オクラそぼろ

●材料（作りやすい分量）

オクラ……………………… 8本（100g）
鶏ひき肉…………………………200g
A［塩 ………………………… 小さじ1/2
しょうゆ……………………小さじ1
みりん ……………………… 大さじ1
こしょう…………………………少々

●作り方

1 オクラは塩（分量外）をふってこすり、さっと洗う。ガクを取り除き、1cm厚さの小口切りにする。

2 フライパンを中火で熱し、ひき肉を広げ入れ、2分焼く。脂が出てきたらポロポロになるまで2分炒め、1を加えて、脂がなじむまで2～3分炒め合わせる。

3 混ぜ合わせたAを加え、さっとからめる。冷蔵で5日間保存可能。

暑い時期に食べたくなる逸品！

ゆでオクラの梅みそ

●材料（2人分）

オクラ………………………… 8本（100g）
梅干し……………………………1個（20g）
A［みそ、マヨネーズ…… 各大さじ1

●作り方

1 オクラは塩（分量外）をふってこすり、ガクを取り除く。

2 鍋に湯3カップを沸かし、1を30秒ゆでてざるにとり、うちわであおぐなどして手早く冷まして器に盛る。

3 梅干しは種を取って包丁でたたき、Aを混ぜ、2に添える。

とうもろこし

旬は6〜9月

いつもの食べ方 あるある

ゆでるのがおいしいに決まってる！

炊き込みごはんも捨てがたい！

おやつに食べるけどおかずになるの？

新提案！

メインのおかずにする

とれたてのとうもろこしは甘くてとってもジューシー！　そのままゆでる、焼く、あるいは炊き込みごはんにするなどが人気の食べ方ですよね。でも、こればかりだと飽きちゃう人は、あえて、**とうもろこしをダイナミックに切って揚げたり、鶏肉と一緒に煮物にしたりしてみませんか？**　**この思いがけない食べ方で一気にメインのおかずに昇格**します。

プチプチ弾ける粒の甘さが最高！

とうもろこしのから揚げ

●材料（2人分）

とうもろこし……1本（200g）
薄力粉……………大さじ1～2
オリーブ油………大さじ3～4
A［塩、こしょう……………各小さじ1/4
　砂糖……………小さじ1/2］
レモン（くし形切り）………適宜

●作り方

1 とうもろこしは長さを半分に切ってから縦2つ～4つ割りにする。さっと水にくぐらせ、薄力粉を全体にからめる。

2 小さめのフライパンにオリーブ油大さじ1を入れ、1を広げ入れて残りのオリーブ油をかける。

3 そのまま中火にかけ、焼き色がついたら裏返し、こまめに転がしながら9～10分揚げ焼きにする。

4 ボウルなどに3を取り出し、**A**を手早くからめる。器に盛り、お好みでレモンを添える。

見た目も食べごたえも大満足!

とうもろこしと手羽元の煮物

●材料(2人分)

とうもろこし……… 1本(200g)
鶏手羽元……………………… 4本
塩……………………… 小さじ1/3
サラダ油………………… 大さじ1
水…………………………… 1カップ
しょうゆ ………………… 小さじ2

●作り方

1 とうもろこしは3㎝幅の輪切りにし、さらに縦半分に切る。

2 鶏手羽元はキッチンバサミで切り込みを入れて開き、塩をからめて10分おく。

3 フライパンにサラダ油を中火で熱し、1、2を転がしながら2〜3分焼く。

4 余分な脂をキッチンペーパーでふき取り、水を加える。煮立ったら、ふたをして弱火で12分蒸し煮にする。しょうゆを加えてひと煮する。

ズッキーニ

旬は5～9月

いつもの食べ方あるある

ラタトゥイユでは
スタメン野菜です！

ソテーにして
肉のつけ合わせに
するくらい

すっかり
知られるように
なったけど、食べ方は
よくわかりません！

新提案！

切り方で食感を楽しむ

かぼちゃの一種で食感はなすに似ているズッキーニ。味にクセがないので切ってソテーにしたり、煮込み料理などによく使われています。**でも生のまま薄い輪切りにしてカルパッチョにしてもおいしく、薄い帯状にスライスしてパスタに見立てたりして食べてもおいしい野菜なんです。**ちょっとおしゃれな、ズッキーニのいつもと違う食べ方を提案します！

スライサーを使えば薄切りもかんたん!

食べる前から心を鷲づかみ!

輪切りズッキーニのカルパッチョ

●材料(2人分)

ズッキーニ …………… 1本(150g)

A
- 塩 …………………… 小さじ1/2
- 酢、粒マスタード …………………… 各大さじ1
- レモン汁…………… 大さじ3
- オリーブ油…… 小さじ2〜3

●作り方

1. ズッキーニは食べる直前にごく薄い輪切りにし、器に並べて広げる。
2. **混ぜ合わせたAを全体にふり、10分おいて味をなじませる。**

いつもと違うコツ!

ズッキーニの切り口から出た水分と調味料がなじんでトロリとしたころが食べごろです。

コクのあるタルタルソースと好相性

ピーラーズッキーニの タルタルカルボナーラ

●材料(2人分)

ズッキーニ……………………1本(150g)
ハム……………………………………2枚
ゆで卵(8分ゆで)……………………1個
A［マヨネーズ、粉チーズ
　……………………………各大さじ2
　塩……………………………ふたつまみ］
粗びき黒こしょう……………………少々

いつもと違うコツ!

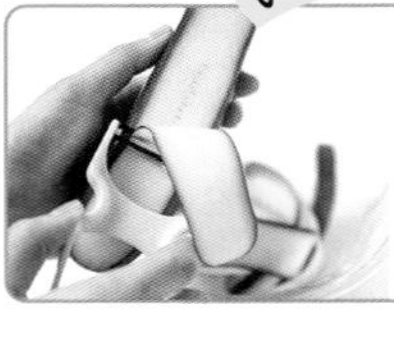

ピーラーで帯状にスライスしてパスタのように使います。味つけは濃厚だけど、ズッキーニは低糖質でヘルシー。

●作り方

1 ハムは1㎝幅に切る。ゆで卵は粗く刻む。

2 **ズッキーニはピーラーで帯状にスライスする**。

3 小鍋に湯3カップを沸かし、2を30秒ゆで、ざるにとってすぐ水けをきり、粗熱がとれたら軽く絞る。

4 ボウルに**A**、ゆで卵を入れてよく混ぜ、ハムを合わせる。3を加えてざっと混ぜて器に盛り、粗びき黒こしょうをふる。

さやいんげん・スナップえんどう

旬は6〜9月

旬は4〜6月

いつもの食べ方 あるある

いんげんは
ごまあえか
バターソテー

スナップえんどうは
いつもマヨネーズが
お供！

どのくらい
加熱するか悩む

新提案！

塩もみして じっくり加熱する

さやいんげんのキュッキュッとした歯ざわり、スナップえんどうのポリポリとした食感、いいですよね。でも、どのくらい加熱したらよいか、意外とわからないもの。実は、**どちらも火を入れる前に塩もみして、じっくり加熱するのが正解です**。塩もみするとうぶ毛が取れてやわらかくなり、火も味も入りやすくなります。そのうえでじっくり加熱すれば、甘みがグンと増します。

玉ねぎドレッシングが美味

塩ゆでいんげんのドレッシングがらめ

●材料（2人分）

さやいんげん……………20本（150g）
玉ねぎ………………………………30g

A	酢	小さじ1
	オリーブ油	大さじ1
	塩	小さじ1/4

塩……………………………………小さじ2

いつもと違うコツ！

ゆでる前に30秒ほど塩もみすると、うぶ毛が取れてやわらかくなります。

●作り方

1. 玉ねぎはみじん切りにし、**A**をからめておく。
2. さやいんげんはさっと水洗いし、5㎝長さに切り、**塩を加えて30秒ほどもむ**。鍋に湯3～4カップを沸かし、塩がついたまま入れ、中火で3～4分ゆでる。
3. ざるにあげて水けをきり、熱いうちに*1*をからめる。

仕上げのごまがアクセント

スナップえんどうの炒めびたし

●材料（2人分）

スナップえんどう…20さや（150g）
塩……………………………小さじ2
ごま油…………………………大さじ1
A［しょうゆ、水………各大さじ1
　 砂糖…………………………小さじ1
すりごま（白）………………小さじ2

●作り方

1 スナップえんどうは筋を取ってさっと水洗いし、ヘタを切る。塩を加えて30秒ほどもみ、ざっと洗って水けをきる。

2 フライパンにごま油を中火で熱し、1を動かさずに2～3分焼き、上下を返して1～2分炒める。

3 混ぜ合わせた**A**を加えて煮立て、火を止めてすりごまをからめる。

枝豆

旬は7〜8月

いつもの食べ方あるある

塩ゆで以外に方法はあるの？

面倒だから冷凍の枝豆にしちゃう

味つけするよりシンプルに限るのでは？

新提案！

さやごと漬ける・焼く

ビールの定番おつまみといえば塩ゆでした枝豆！　いくら飽きないといっても、もっと違う食べ方も知りたくないですか？　例えば、**にんにくと一緒にしょうゆに漬けたり、フライパンで香ばしく焼いて粗びき黒こしょうをきかせたり**と、新鮮な味わい方をしてみましょう。塩ゆでを超える、違った食べ方にきっとハマるはずです。

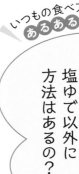

食べ出したら止まらないおいしさ!

枝豆のにんにくしょうゆ漬け

●材料(作りやすい分量)

枝豆(さや付き)…………200〜250g
塩………………………………小さじ2

A
- にんにく(5㎜の角切り)…………1かけ分
- しょうゆ………………大さじ2
- 水……………………大さじ3
- 砂糖…………………大さじ1
- ごま油…………………小さじ1

●作り方

1 枝豆はさっと洗い、さやの片端をキッチンバサミで少し切り落とし、塩をふって塩が溶けるまでよくもむ。

2 鍋に湯4カップを沸かし、1を塩がついたまま入れる。ふたをして中火で煮立て、弱火にして3分ゆで、ざるにとってすぐ水けをきる。

3 2が熱いうちに混ぜ合わせたAに漬け込み、味をなじませ、粗熱がとれるまでおく。

いつもと違うコツ!

枝豆はさやの片端を切ってから、塩が溶けるまでもんでゆでます。このひと手間で味なじみがよくなります。

にんにくがいい塩梅できいています♪

豆の香ばしさにお酒が進んじゃう！

焼き枝豆

●材料（作りやすい分量）

枝豆（さや付き）……200〜250g
塩……………………………小さじ2
サラダ油…………………大さじ1
A ［塩……………………小さじ1/2
　　水……………………1/2カップ
粗びき黒こしょう…………少々

●作り方

1 枝豆はさっと洗い、さやの片端をキッチンバサミで少し切り落とし、塩をふって塩が溶けるまでよくもむ。

2 さっと水洗いしてキッチンペーパーで水けをふき取る。

3 フライパンにサラダ油を中火で熱し、2を並べ入れ、動かさずに3〜4分焼き、2分炒める。

4 **A**を合わせて注ぎ入れ、強火で一気に水分がなくなるまで火を通し、粗びき黒こしょうをふりからめる。

れんこん

旬は9～2月

いつもの食べ方あるある

きんぴらにするくらい

筑前煮に入れるけど少し面倒！

れんこんひと節でもおかずになりますか？

新提案！

ひと節をおかずにする

れんこんといえば、真っ先に思いつくのはきんぴら、あとはおせちの定番、煮しめや筑前煮でしょうか。例えば、**乱切りにしてじっくり炒めたり、すりおろして汁物にしたり、あるいはさっとゆでてレモン漬けにするなど、切り方、加熱方法を少し変えて、おかずになる一品を作りましょう**。同じ野菜なの？とびっくりするほど七変化します。ぜひ、この魅力を存分に味わってください。

和・洋・中のハイブリッド調味料で決める!

乱切りれんこんの
エスニック炒め

●材料（2人分）

れんこん……1節（正味150g）
ごま油……………………大さじ1

A
- オイスターソース……………………大さじ1
- カレー粉………小さじ1/2
- 酢……………………小さじ1

いつもと違うコツ!

大きめの乱切りにしたれんこんを焼いて、じっくり炒めるとムチッとした食感になります。

●作り方

1 れんこんはピーラーで皮をむいて4つ割りにし、斜め1㎝幅に切る。

2 フライパンにごま油を中火で熱し、1を広げ入れる。**そのまま動かさずに2分ほど焼き、2～3分よく炒める**。

3 いったん火を止め、混ぜ合わせた**A**をまわし入れる。再び中火にかけ、水分がなくなるまで炒める。

トロトロでのど越しがいい!

じんわり温まってほっとする

おろしれんこん汁

●材料（2人分）

れんこん……………………… **1節（正味150g）**
梅干し…………………………………… 1個（20g）
しょうが（すりおろし）…………………… 少々
A［水 ……………………………… 1と1/2カップ
　 塩 …………………………………小さじ1/4

●作り方

1 梅干しは種を取り除き、手で粗くちぎる。れんこんはピーラーで皮をむく。

2 鍋に**A**を入れ、1のれんこんをおろし器ですりおろしながら加える。中火にかけ、へらで絶えず混ぜながら、とろみがつくまで煮る。

3 器に2を盛り、1の梅干し、しょうがをのせ、混ぜて食べる。

焼き魚のつけ合わせにもおすすめ

れんこんのレモン漬け

●材料（作りやすい分量）

れんこん……………………… **1節（正味150g）**
レモン…………………………………1個（60g）
A［酢 ……………………………… 大さじ3
　 はちみつ…………………………… 大さじ2
　 塩 …………………………………小さじ1

●作り方

1 レモンは皮をむいて輪切りにし、**A**と合わせておく。

2 れんこんはピーラーで皮をむき、2〜3㎜厚さの輪切りにする。

3 鍋に湯4カップを沸かし、2を2分ゆでる。ざるにあげて水けをきり、熱いうちに1に漬け込む。粗熱がとれたら密閉容器に移し、冷蔵で1週間保存可能。

パリパリの歯ごたえが楽しい!

白菜

旬は11～2月

いつもの食べ方
あるある

わが家の鍋ものには
たいてい白菜

漬け物は食べるけど
サラダにはしない

あんかけに白菜を
入れないわけに
いかない!

新提案!

いっそのこと生で食べる

白菜は水分が多く、加熱すると甘みを増すのが持ち味。でも鍋だと甘みが出すぎたり、水っぽくなったりしがちです。それならいっそのこと、**生でサラダはどうでしょう**。加熱では味わえないフワ!シャキ!の軽やかな食感がたまりません。加熱したいときは、ぜひ「麻婆白菜」に。葉は大きめに、軸はくし形切りにすれば、水っぽくならず、**ちょっと濃いめでパンチのある味つけとも相性抜群です**。

レーズンとの名コンビに納得！

少しおいて、くたっとしても美味♡

白菜のレーズンサラダ

●材料（作りやすい分量）

白菜……………1/8株（250g）
レーズン……………………20g
A
- 塩……………小さじ1/2
- 砂糖……………小さじ2
- 酢、サラダ油……………各大さじ2

●作り方

1 レーズンは先にAの調味料に漬け込んでおく。

2 **白菜は葉先から繊維を断つようにせん切りにし、**1に加えて混ぜ、味をなじませる。

いつもと違うコツ！

繊維を断つように切るとふんわり軽やかな歯ざわりになります。

麻婆なすを超えるウマさ!

焼き白菜の麻婆ソース

●材料(2人分)

	白菜	**1/6株(300〜400g)**
	豚ひき肉	150g
	しょうが	1/2かけ
	にんにく	1/2かけ
	豆板醤	小さじ1
	ごま油	大さじ1
A	水	1/3カップ
	しょうゆ	大さじ2
	みそ	大さじ1
B	片栗粉	大さじ1
	水	大さじ2

いつもと違うコツ!

特に白菜の軸は、よくあるそぎ切りをやめて、存在感のあるくし形切りにします。

●作り方

1. **白菜は長さを4等分に切り、軸は縦3〜4等分のくし形切りにする**。しょうが、にんにくはみじん切りにする。
2. フライパンにごま油を中火で熱し、しょうが、にんにく、豆板醤の順に炒める。香りが出てきたらひき肉を加えて1分炒め、白菜を軸、葉の順にのせてへらで押しながら2分焼きつける。
3. 上下を返して1分炒め、合わせた**A**を注ぎ入れる。煮立ったら上下を返し、フライパンをゆすりながら中火で2分煮る。
4. よく混ぜた**B**をまわし入れ、とろみがつくまで1分ほど煮る。

春菊

旬は11～2月

いつもの食べ方 あるある

鍋でクタクタになるまで煮られて誰もとらない

加熱するとちょっと苦みが気になる

生で食べてもおいしいの？

新提案！

半生の「ちょいしんなり」で

鍋で春菊を煮すぎて苦みやアクが出てしまい、イマイチになった経験はありませんか？　もし火を通すなら「さっと！」が鉄則！　そこで提案したいのは、**熱々のオイルをかけるサラダや、生春菊のしょうゆ漬け、あるいは刻んだ生春菊を混ぜ込んだごはん**です。歯ごたえは半生、「ちょいしんなり」くらいの状態がちょうどよく、おいしさをＭＡＸに味わえます。

油がジューッといってから手早くあえるのがコツ!

ちょいしんなり感がやみつき!

生春菊とベーコンのホットサラダ

●材料（2人分）

春菊……………………………1/2把（100g）
スライスベーコン ……………2枚（40g）
にんにく（すりおろし）…………1/4かけ分
オリーブ油………………………大さじ3
しょうゆ……………………小さじ1～2
酢…………………………………小さじ2

いつもと違うコツ!

冷水に20分さらしてパリッとさせると、後から熱々の油をかけても、絶妙なしんなり具合になります。

●作り方

1 ベーコンは5㎜幅に切る。

2 **春菊の茎は斜め薄切りにし、葉先は手でちぎり、冷水に20分さらす**。ざるにあげ、キッチンペーパーで水けをふく。

3 直径20㎝のフライパンにオリーブ油を入れて中火にかけ、煙が出るまで熱する。

4 器に2を盛り、1のベーコンを中央に集めてのせ、その上ににんにくをのせる。3の熱々の油をベーコンめがけてかける。箸でよく混ぜ、しょうゆ、酢を加え、全体をざっくりとあえる。

少し余ったときの
救世主レシピ！

うどんや豆腐にのせても

生春菊のしょうゆ漬け

●材料（作りやすい分量）

春菊……………………1/2把（100g）

A
- しょうゆ……………大さじ2
- みりん………………大さじ1
- 塩…………………………少々

●作り方

1 春菊は5cm長さに切り、太い茎は縦半分に切る。

2 1にAを加えてからめ、1時間以上おく。冷蔵で1週間保存可能。

大根やかぶの葉よりも手軽！

生春菊とじゃこの混ぜごはん

●材料（2人分）

春菊……………………1/4把（50g）

ちりめんじゃこ………大さじ2（10g）

炊きたてごはん………………300g

塩…………………………………少々

ごま油……………………大さじ1

いりごま（白）…………小さじ2

●作り方

1 春菊は端から2cm幅に刻み、塩をからめる。

2 ごはんにごま油、1を加えて混ぜ、ちりめんじゃこ、ごまも加えて混ぜる。

生使いだから香りも楽しめる♪

かぶ

旬は11〜1月

いつもの食べ方
あるある

かぶといえば
そぼろ煮？
あとは漬け物？

皮付きで
食べるのが正解？

葉は
どうしたらいい？

新提案！

おしゃれ度アップにスタメンで使う

かぶは生なら漬け物やマリネ、加熱するなら煮物がよくある食べ方ですよね。でも、かぶには**ほどよい辛みと甘みがあるので、フルーツと合わせても違和感なく食べられます**。また、**焼きつけて炒めるとホロッとした食感に変わり、甘みをより感じやすくなります**。どちらも2〜3個のかぶがあれば、すぐにおしゃれな一品に変わるので、おもてなしにもおすすめです。葉付きのままくし形切りにすると、盛りつけの印象も変わります。

キウイをりんごに替えてもおいしい！

かぶと生ハムのフルーツサラダ

●材料（作りやすい量）

かぶ……………………………2個（160g）
生ハム……………………………4枚
キウイフルーツ…………………1個
塩……………………………………少々
オリーブ油……………………大さじ1

いつもと違うコツ！

かぶの皮をむかなくてもOK！　できるだけ薄くスライスすれば、後で加える塩と生ハムの効果ですぐにしんなりします。

●作り方

1 かぶは皮をむかずに薄い輪切りにし、器に並べる。

2 キウイフルーツは皮をむいて薄切りにし、1の間にはさんで塩をふる。

3 ちぎった生ハムをまんべんなくのせる。オリーブ油をかけ、からめて食べる。

葉も使って栄養たっぷり!

かぶとえびのマスタード炒め

●材料（2人分）

かぶ	**大3個（250g）**
かぶの葉	**50g**
えび（殻付き）	正味200g
しょうゆ	小さじ1
薄力粉	小さじ2
オリーブ油	大さじ2
塩	小さじ1/4
粒マスタード	大さじ1

いつもと違うコツ!

しっかり焼くとホロッとやわらか、うまみもグンとアップ！

●作り方

1 えびは殻をむいて背側に切り目を入れ、しょうゆをからめ、薄力粉をまぶす。

2 かぶは葉を2cm残して皮付きのまま、6～8等分のくし形切りにする。葉は4cm長さに切る。

3 フライパンにオリーブ油大さじ1を中火で熱し、1を広げ入れて2分焼き、返して1分焼いていったん取り出す。

4 残りのオリーブ油を足して中火で熱し、**かぶを2分焼いて焼き色をつけ、塩をふって上下を返してさらに2分焼く**。3を戻し入れ、かぶの葉を加えてしんなりするまで炒め、粒マスタードを加えて全体にからめる。

カリフラワー

旬は11～3月

いつもの食べ方あるある

ゆでてマヨネーズをつけるだけ！

生でも食べられる？

そもそも食べ方がよくわからない

新提案！

生っぽく食べたい！

カリフラワーはブロッコリーと同様に「小房に分けてゆでる」のが一般的な食べ方ですよね。でも**薄切りにすれば、生の状態で食べてもまったく違和感なし！**コリコリした歯ごたえもクセになります。または、**チーズ衣をまとわせてから、半生に火を通してみてください**。これもまた格別。とにかくカリフラワーは生っぽく食べるのがイチ押しです。

ほんのり甘いから酢みそと好相性!

カリフラワーの酢みそあえ

●材料(2人分)

カリフラワー……**1/3株(100g)**

A
- みそ……大さじ1
- 砂糖……小さじ2
- 酢、すりごま(白)……各小さじ1

●作り方

1. カリフラワーは**端から薄切りにする**。
2. **A**を混ぜ合わせ、1を加えてあえる。

いつもと違うコツ!

生のまま端から薄切りにします。こぼれ落ちた花蕾も調味料と混ぜて。

お手軽フリットがすぐできる！

カリフラワーの衣焼き

●材料（2人分）

カリフラワー……1/3株（100g）
卵………………………………1個
A
- 薄力粉…………大さじ3
- 粉チーズ………大さじ4
- 塩………………ひとつまみ

サラダ油………………大さじ2
レモン（くし形切り）………適量

●作り方

1. ボウルに卵を割り入れてよく溶き、**A**を加えて粉っぽさがなくなるまでよく混ぜる。
2. カリフラワーは小房に分けて半分に切り、1に加えてざっくりと混ぜる。
3. 小さめのフライパンにサラダ油を中火で熱し、2を広げ入れてそのまま動かさずに3～4分焼く。上下を返しながらさらに3～4分全体に焼き色がつくまで焼く。器に盛り、レモンを添える。

野菜の選び方と保存方法❷ 実を食べる野菜編

【枝豆・そら豆】

選び方　枝豆はうぶ毛が立っていて色が鮮やかなもの、さやに傷や虫食いがないものがベスト。そら豆はうっすらうぶ毛が生えていて、豆のふくらみがわかるものが◎。

保存方法　鮮度が命なので買ってきたらなるべく早く調理を。ゆでてからは冷蔵で2～3日、冷凍で2週間保存可能。

【オクラ】

選び方　長さが6～7㎝で大きすぎず、緑色が鮮やかなもの、ガクは黒ずんでいなくて、うぶ毛がびっしり生えているものがおすすめ。

保存方法　キッチンペーパーで包んでポリ袋に入れ、空気を入れて膨らませてから野菜室へ。4～5日保存可能。

【かぼちゃ】

選び方　皮にツヤがあって硬くて重く、果肉の色は鮮やかで種とわたが詰まっているものを選んで。

保存方法　カットされたかぼちゃは種とわたを取り、ラップで包んで野菜室へ。1週間保存可能。1玉の場合は新聞紙に包んで冷暗所で1～2か月保存可能。

【きゅうり・ゴーヤ・ズッキーニ】

選び方　きゅうりは太さが均一で表面のイボが鋭く、白く粉(ブルーム)で覆われているものを。ゴーヤはちりめん状のイボがつぶれていなくて、イボの大きさがすき間なく密に揃っているのが新鮮。色が濃いほど苦みが強く、薄いほど苦みが弱いのでお好みで。ズッキーニも太さが均一で太すぎず、大きさの割にずっしりしていて表面に傷がないものが◎。

保存方法　キッチンペーパーで大きく包み、ポリ袋に入れてから野菜室へ。きゅうりとズッキーニは3～5日、ゴーヤは1週間保存可能。

【さやいんげん・スナップえんどう】

選び方　さやいんげんはさやの先までピンとハリがあり、太さが均一でなるべくまっすぐなものを。豆の形が目立ちすぎているもの、表面にしみや斑点があるものはNG。スナップえんどうはさやが乾燥していない、豆の形がはっきり確認できるほどふっくらしているものが良品。

保存方法　キッチンペーパーで包んで、ポリ袋に入れてから野菜室へ。3～5日保存可能。

【とうもろこし】

選び方　ひげがふさふさで茶褐色、粒が揃って詰まっているものがよい。

保存方法　皮とひげをつけたままラップで包んで、切り口を下にして立てて野菜室へ。2～3日保存可能。

【トマト・ミニトマト】

選び方　ヘタが緑色でピンとしていて、お尻からヘタに向かって放射状の筋があると糖度が高くおいしい証拠。

保存方法　トマトはヘタの部分を下にして、ミニトマトはキッチンペーパーを敷いた保存容器に入れるか、パックのまま野菜室へ。どちらも5～7日保存可能。

【なす】

選び方　ツヤがあり、紫色が濃く、ヘタのトゲがチクチク立っているものが新鮮。

保存方法　キッチンペーパーで大きく包み、ポリ袋に入れてから野菜室へ。3～5日保存可能。

【ピーマン・パプリカ】

選び方　全体に色が濃く、表面にツヤがあり、しわがないものがおすすめ。ヘタの切り口が変色していないほど新鮮。

保存方法　キッチンペーパーで大きく包み、ポリ袋に入れてから野菜室へ。10日保存可能。カットしたパプリカはラップで包んで同じく野菜室へ。3～4日保存可能。

第3章

ハッとするようなおいしさに気づく!

いも類・きのこ類の意外な食べ方

ホクホクのおいも、香りやうまみがあるきのこ。
定番料理でも切り方を一新したり、
いつもの和風を洋風にしたり……。
「こんな食べ方、今まで知らなかった!」と
意外だけど納得の食べ方をご紹介します。

じゃがいも

いつもの食べ方　あるある

肉じゃがは大きめに切っています

レンジ加熱だとホクホクに仕上がらない…

みんな大好きなポテサラだけどつぶすのが面倒

新提案！

輪切り・角切りにする

ひと口大や大きめの乱切りで調理することが多い肉じゃが。でもこの**じゃがいもを輪切りにすると均一に火が通り、焼き色もつくので肉に頼らなくてもグッとうまみが出る**ことを知っていますか？　ほかにも、レンジ調理には、**皮付きのまま角切りにすると、パサつかないでホクホクに仕上がります**。じゃがいもの切り方を少し変えるだけで、いつもの料理がガラリと変わります。

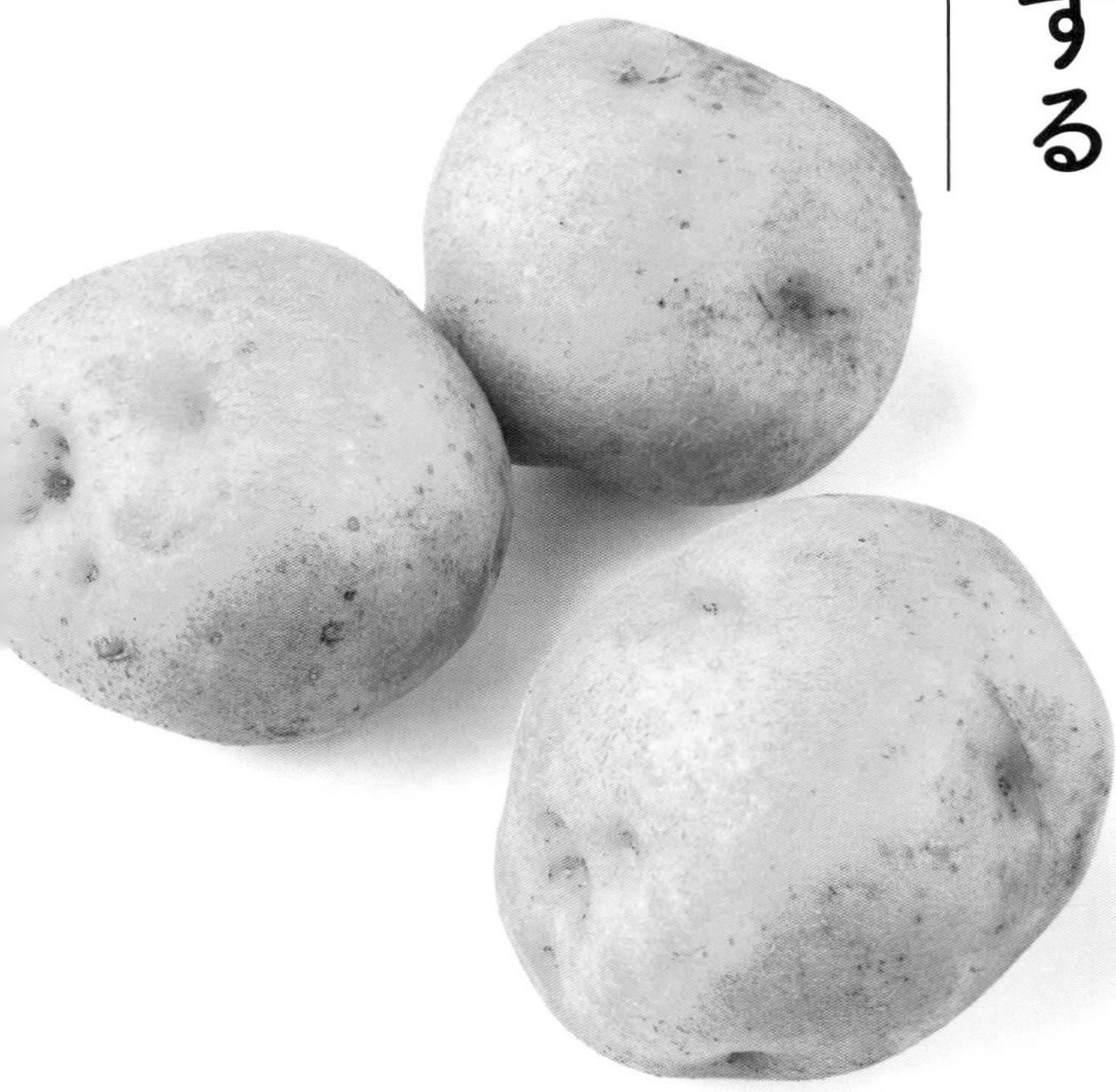

レンジ一発のかんたんおかず!

角切りじゃがいものレンチン炒め

●材料(2人分)

じゃがいも……………… 2個(300g)

A
- 塩…………………………小さじ1/4
- オリーブ油……………大さじ1

粗びき黒こしょう……………… 少々

いつもと違うコツ!

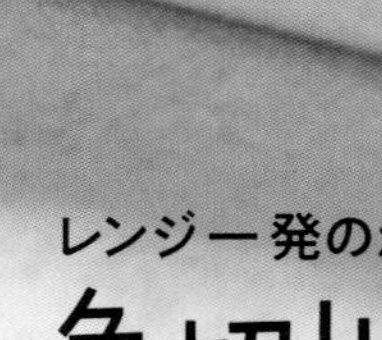

皮付きのまま角切りにしてレンジ加熱すれば、キュッと縮まず、しっとり仕上がります。

●作り方

1 じゃがいもは皮ごとよく洗い、**皮をむかずに1.5cm角に切る**。

2 耐熱皿に1を中央を空けるようにして広げ、**A**をふりかける。ふんわりとラップをかけ、電子レンジ(600W)で5分〜5分30秒加熱する。

3 取り出して粗びき黒こしょうをふり、上下を返してよく混ぜ、水分をとばす。

こんなに濃厚な肉じゃがは初めて!

輪切り肉じゃが

●材料(2~3人分)

じゃがいも …… 大2個(350g)
牛ロース薄切り肉 ……… 150g
玉ねぎ …………… 1/2個(100g)
A［しょうゆ、砂糖
………………… 各小さじ1］
サラダ油………………… 小さじ2
水………………………… 1/2カップ
B［みりん、しょうゆ
………………… 各大さじ2
砂糖…………………… 小さじ1］

いつもと違うコツ!

じゃがいもを輪切りにすれば、両面をしっかり焼くことができるので、香ばしさがプラスされます。

●作り方

1 牛肉は6～7cm幅に切り、Aをからめる。玉ねぎは1cm幅のくし形切りにする。

2 じゃがいもはよく洗って皮をむき、2cm厚さの輪切りにし、水に5分さらす。

3 小さめのフライパンにサラダ油を中火で熱し、**水けをふいた2を表裏2分ずつ焼く**。牛肉、玉ねぎの順にじゃがいもの上に広げ入れ、上下を返すように1分ほど炒める。

4 肉の色が変わってきたら水を注ぎ入れ、煮立ったら目立つアクを取り除く。Bを加えて強火にし、再び煮立ったら湿らせたキッチンペーパーをかぶせ、ふたをずらしてのせ、弱めの中火で8～10分煮る。火を止めて10分蒸らす。

粒マスタードで味が引き締まる!

輪切りじゃがいものクリームサラダ

●材料(作りやすい分量)

	じゃがいも	**2個(300g)**
	クリームチーズ	50g
A	粒マスタード	大さじ1
A	砂糖	大さじ1
A	塩	小さじ1/2
A	酢	大さじ1
A	オリーブ油	大さじ1

いつもと違うコツ!

じゃがいもは輪切りのままゆで、定番のポテサラのようにつぶさず、少しくずれる程度にあえるのがおすすめ。

●作り方

1. じゃがいもは皮をむき、5㎜厚さの輪切りにする。
2. 鍋に湯を沸かし、1を5分ゆでてざるにあげ、手早く粗熱をとる。
3. クリームチーズは室温にもどしてよく練り、**A**を順に加えてよく練り混ぜる。
4. **3に2を加えてからめ、容器に平らに広げて味をなじませる。**

里いも

いつもの食べ方 あるある

いかと里いもの煮物しか知らない

ぬめりを取るのが面倒くさい

里いものレパートリーは本当に少ないです

新提案!

洋風or中華風で本領を発揮

ホクホクでねっとりした食感がなんともいえない里いも。シンプルな煮っころがし、いかと里いもの煮物など、和の料理のイメージですよね。実は、じゃがいもと同じようにも使えるので、**クリーム煮やコロッケなどの洋風、ごま油とねぎで中華風など、コクのある味わいでも本領を発揮します**。使うときはあのぬめりを生かしたいので、ぬめりを取るための下ゆでや塩もみはしなくて大丈夫です。

あのぬめりを最大限に生かしたレシピ

チーズ入りでクリーミー！

里いものクリーム煮

材料（2人分）

里いも……………… 3〜4個
（正味200〜250g）
塩……………………小さじ1/2
こしょう…………………少々
牛乳…………1と1/4カップ
バター…………………………30g
ミックスチーズ
（溶けるタイプ）……30g

作り方

1 里いもはよく洗い、皮をむいて8㎜厚さの輪切りにする。

2 **1をそのままフライパンに広げ入れ**、塩、こしょうをふり、牛乳を加えてバターをちぎってちらす。

3 中火にかけ、煮立ったら弱火にし、木べらでときどきかき混ぜながら20分煮る。ミックスチーズを加え、ふたをして火を止め、蒸らす。スプーンで上下を返してからめる。

いつもと違うコツ！

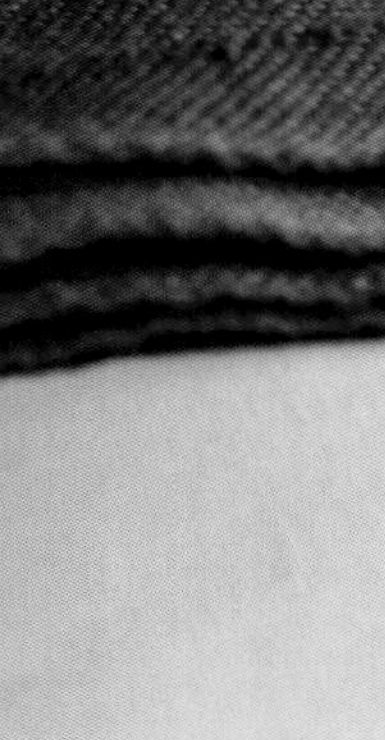

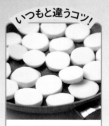

里いものぬめりを生かすために、水にさらさずに加熱します。

粉チーズ入りの衣で風味アップ！

里いもの焼きコロッケ

●材料（2人分）

里いも…3〜4個（正味200〜250g）
塩……………………………小さじ1/4
A［パン粉………………1/3カップ
　 粉チーズ……………大さじ2
オリーブ油………………大さじ4

いつもと違うコツ！

里いもは和風の味つけに頼らず、塩とチーズ入りの衣で味を決めます。

●作り方

1. 里いもはよく洗い、湿らせたキッチンペーパーで包んでからラップで包む。電子レンジ（600W）で6分〜7分30秒加熱し、そのまま5分蒸らす。
2. **やけどに注意しながら1の皮をむいて塩をふり、軽くつぶす。4〜6等分にしてざっと丸めて平らにし、混ぜ合わせたAをまぶす。**
3. フライパンにオリーブ油を中火で熱し、2を並べ入れ、表裏を3分ずつ揚げ焼きにし、油をよくきる。

こっくりしていてごはんに合う！

里いもの中華風ねぎ蒸し

●材料（2人分）

里いも…3〜4個（正味200〜250g）
長ねぎ……………………1/2本（50g）
豚バラ薄切り肉……………………150g
A しょうゆ……………大さじ1/2
A みそ……………………大さじ1
A ごま油…………………小さじ1
水……………………………1/2カップ

●作り方

1. 豚肉は4cm幅に切り、**A**を加えてよく混ぜる。
2. 長ねぎは斜め薄切りにする。里いもは皮をむいて1cm厚さの輪切りにする。
3. フライパンに里いもを広げ入れ、その上に1、長ねぎも広げ入れ、水を注ぎ入れる。
4. ふたをして中火にかけ、煮立ったら10分蒸し煮にする。火を止めてそのまま5分蒸らす。

さつまいも

いつもの食べ方 あるある

大学いも
甘辛煮など、どれも
甘いイメージ

甘いから
ごはんやお酒に
合わない!

スイーツでは
大活躍するけど

新提案!

味つけを甘くしない!

さつまいも料理で思い浮かぶのは、大学いも、甘辛煮、レモン煮、さつまいもごはんなどでしょうか。さつまいもそのものにスイーツに負けない甘みがあるので、**おかずで食べるときは味つけをあえて甘くしないようにします。** **酢をきかせたきんぴらやピリ辛ケチャップで食べるフライドさつまいも**なら、甘みがアクセントになります。

にんにく入りで甘ったるくない！

さつまいものにんにくきんぴら

●材料（2人分）

さつまいも ………… 1本（250g）
にんにく ……………………… 1かけ
ごま油 ………………………… 大さじ4
A ┌ 酢 ………………………… 大さじ1
　 │ 塩 ……………………… 小さじ1/2
　 └ しょうゆ ………………… 小さじ1

いつもと違うコツ！
みりんや砂糖を使わずに、酢をきかせます。

●作り方

1. にんにくは5㎜角に切る。
2. さつまいもは斜め1㎝厚さに切ってから1㎝幅に切る。
3. フライパンにごま油を中火で熱し、2、1の順に広げ入れ、そのまま2分焼く。焼き色がついたら2分炒め、動かさずに2分焼く工程をくり返す。さつまいもがカリッとなったら、混ぜ合わせた**Aを加えてからめる**。

カリッと焼いてから調味料をからめて！

カリカリで無限に食べられちゃう!

フライドさつまいも

●材料（作りやすい分量）

さつまいも	**1本（250g）**
塩	小さじ1/2
薄力粉	大さじ4
サラダ油	1/2カップ
A　トマトケチャップ	大さじ2
A　ラー油	5滴

いつもと違うコツ!

塩をからめると水分が出て味が濃くなります。また出てきた水分に薄力粉をまぶすと表面を覆う衣になってカリッと揚がります。

●作り方

1. さつまいもは皮ごとよく洗い、皮付きのまま1㎝角の棒状に切る。**水にさらさず、塩をからめて10分おく**。
2. **1に薄力粉をふり、ざっと全体を混ぜる**。
3. フライパンにサラダ油を中火で熱し、2を広げ入れて火を強め、3～4分揚げ焼きにする。さらに転がしながら衣がカリッとしてきつね色になるまで揚げ、油をよくきる。器に盛り、混ぜ合わせた**A**をつけて食べる。

長いも

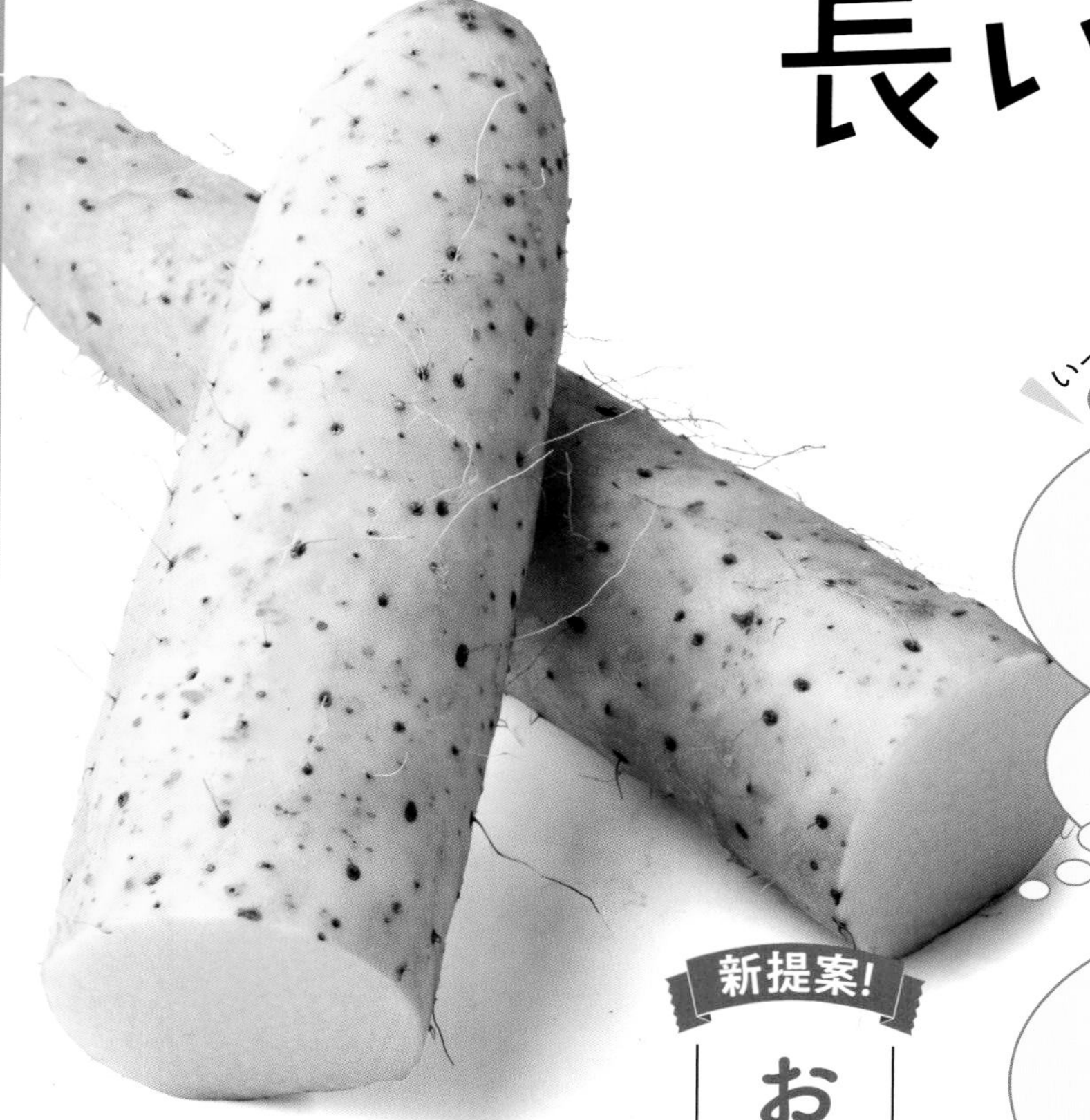

いつもの食べ方 あるある

すりおろして
とろろそばかな？

火を通した
ことがない

切り方でそんなに
食感が変わるの？

新提案！

おろさない、刻まない

長いも＝とろろ！というほど、あるとすりおろして食べたり、刻んであえ物にしたりなど、調理がワンパターンになりがちです。**それを、棒状に切れば、炒めてメインのおかずになり、甘酢漬けにしてシャキシャキ感を楽しむこともできます。輪切りにして煮れば上品な煮物にも。**おろさない、刻まないでもっと活用しましょう。

味見が止まらなくなりそう!

長いもと豚肉の青のり炒め

●材料（2人分）

長いも……………15㎝（200g）

豚ロース薄切り肉……… 150g

薄力粉…………………… 小さじ1

ごま油…………………… 大さじ1

A
- しょうゆ………… 大さじ1
- 砂糖……………… 小さじ2
- ラー油………… 小さじ1/2

青のり粉………… 小さじ1～2

いつもと違うコツ!

食べごたえが出るように6㎝長さの棒状に切ります。

●作り方

1 豚肉は6㎝幅に切り、薄力粉をからめる。**長いもは皮をむいて1㎝角×6㎝長さの棒状に切る**。

2 フライパンにごま油を中火で熱し、1を広げ入れて2分焼いたら、上下を返して1分焼く。

3 フライパンの中央を空け、**A**を加えて煮立て、軽く混ぜる。器に盛り、青のり粉をふる。

白く煮上がる上品なひと皿

長いもとちくわの煮物

●材料（2人分）

長いも……………………15cm（200g）
ちくわ……………………2本
A 水……………………1カップ
A みりん……………………大さじ2
A 塩……………………小さじ1/2

●作り方

1. 長いもは皮をむいて2cm厚さの輪切りにする。
2. ちくわは1cm厚さの斜め切りにする。
3. 小さめの鍋かフライパンに**A**を入れて中火にかけ、煮立ったら1と2を加える。ぬらしたキッチンペーパーで落としぶたをし、弱火で20分煮る。

ちくわ入りでだし不要！

サクッとした歯ごたえは抜群！

手軽に保存袋で作れちゃう

長いもの甘酢漬け

●材料（2人分）

長いも……………………15cm（200g）
しょうが……………………1かけ
A 塩……………………小さじ2/3
A 砂糖、酢……………………各小さじ2
A 昆布（3cm角）……………………1枚

●作り方

1. 長いもは皮をむいて1cm角×6cm長さの棒状に切る。しょうがはせん切りにする。
2. ジッパー付き保存袋に1を入れ、**A**を順に加えてからめ、よく混ぜる。口を閉じて冷蔵庫で2時間以上おく。器に盛りつけるときに**A**の昆布を細切りにする。

しいたけ

いつもの食べ方 あるある

うま煮が定番、あとはトースターで焼くだけかな

炊き込みごはんや鍋もおいしいよね

軸は捨ててしまいがち

新提案!

存在感を生かす

しいたけはきのこの中でも十分な香りと食感、うまみがあり、丸ごと調理してもよく、肉厚で食べごたえもあります。だからこそ、**その存在感を上手に生かした調理法で食べること**を提案します。**オイスターソースで煮たり、塩をからめてからひき肉に混ぜ込んで使ったりすると**、びっくりするほどのうまみと香りを味わえます。

口の中で無限に広がるおいしさ！

うまみ最強同士の共演！

しいたけのオイスターソース煮

●材料（作りやすい量）

しいたけ……………8〜10枚（150g）

A	オイスターソース	大さじ1
	みりん	大さじ2
	ごま油	小さじ1/2
	水	1/2カップ

いつもと違うコツ！

煮汁が少なくなるまで煮つめていき、うまみをさらに凝縮させます。

●作り方

1 しいたけは石づきを取り、軸は縦半分に切る。

2 小鍋に1、Aを合わせて入れて上下を返し、ふたをして中火にかける。

3 ふつふつと音がしてきたらふたを取り、**そのまま7〜8分水分が少なくなるまで煮る**。

干ししいたけ？と疑いたくなるほどの風味

味つけは塩だけで十分！

角切りしいたけのつくね

●材料（2人分）

しいたけ……………………6枚（100g）
塩………………………………小さじ1/4
A［鶏ひき肉…………………150g
　 薄力粉………………………大さじ1
サラダ油……………………小さじ2
しょうゆ……………………小さじ2
練りわさび…………………小さじ1

いつもと違うコツ！

しいたけに塩をからめておくと、そのまま混ぜ込むよりうまみが強く引き出されます。

●作り方

1. しいたけは石づきを取り、かさは8㎜角に切り、軸は粗く刻む。**ボウルに入れ、塩をからめておく**。
2. 1にAを加えて1分ほどよく練り混ぜる。4等分にして平たい楕円形に整える。
3. フライパンにサラダ油を入れて中火で30秒ほど温める。2を入れて焼き色がつくまで4～5分焼き、裏返して3分焼く。
4. 器に3を盛り、しょうゆとわさびを添える。

まいたけ・えのきたけ・エリンギ・しめじ

いつもの食べ方 あるある

きのことして買う。あまり違いを気にしない

いつも同じ調理、同じ味になっちゃう

それぞれの特性？考えたことない

新提案！

香り・うまみ・食感で使い分ける

まいたけはしいたけ同様、香りがよくてうまみがあるので大きく使って主役にもなるきのこ。えのきたけは特有のとろみと匂いが出やすいので、煮るよりも焼いて天ぷら風にするのがおすすめです。エリンギは歯ざわりが強いのでこの食感を生かした切り方に。しめじは加熱してもカサが減りにくいので、作りおきに向いています。**きのこはそれぞれの特性を知ることで、食べる楽しみが増えます。**

自慢したくなる愛されレシピ♡

まいたけの肉巻き焼き

●材料（2人分）

まいたけ……………**1パック（100g）**
牛ロース薄切り肉……6枚（150g）
薄力粉……………………大さじ1～2
サラダ油…………………………大さじ1
A ［しょうゆ………………………大さじ1
　 みりん………………………大さじ2
　 砂糖…………………………小さじ1
小ねぎ（小口切り）………………適量

いつもと違うコツ！

まいたけは香りとうまみが強いので、組み合わせるなら牛肉がおすすめ。巻くと食べごたえも出ます。

●作り方

1 まいたけは小房に分け、6等分にする。

2 **牛肉を広げ、1を芯にして巻き**、薄力粉をまぶしてしっかり包む。

3 フライパンにサラダ油を中火で熱し、2の巻き終わりを下にして2分焼き、転がしながら全体に焼き色をつける。

4 混ぜ合わせた**A**をまわし入れ、全体にからむまで煮つめる。器に盛り、小ねぎをちらす。

青のり粉で風味アップ！

えのきのからめ焼き

●材料（2人分）

えのきたけ …………1パック（100g）

A
- 薄力粉…………………… 大さじ4
- 水 ………………………… 大さじ3
- 青のり粉 ………………小さじ1

サラダ油……………………… 大さじ2

B
- めんつゆ（3倍希釈）…大さじ1
- 水 ………………………… 大さじ3

いつもと違うコツ！

えのきたけは特有の香りがあるので、香ばしい青のりの衣をからめると趣が変わります。

●作り方

1 えのきたけは石づきを切り落とし、6等分にする。

2 **Aをざっと混ぜ、1を加えて全体によくからめる。水分が少ないようなら足す。**

3 フライパンにサラダ油を中火で熱し、2を広げ入れ、軽く押さえる。2分焼いて裏返し、3～4分揚げ焼きにする。器に盛り、Bにつけて食べる。

騙されたと思って食べてみて!

エリンギのあわび風炒め

●材料（2人分）

エリンギ……2〜3本（100g）
サラダ油……………小さじ1
塩……………………ふたつまみ
バター………………10〜20g
小ねぎ（小口切り）………少々

●作り方

1 エリンギは1㎝厚さの輪切りにする。かさは大きければ半分に切る。

2 フライパンにサラダ油を中火で熱し、1を広げ入れて塩をふり、2分焼く。

3 上下を返しながら1分炒め、バター、小ねぎを加えて混ぜる。

豆腐にのせたり焼きそばの具にしても!

しめじの塩漬け

加熱して作りおいてもカサが減らない!

●材料（作りやすい量）

しめじ…………大1パック（200g）

A
- ごま油…………………大さじ2
- 塩…………………………小さじ1/3
- 赤唐辛子（小口切り）‥1本分

●作り方

1 しめじは石づきを取り、小房に分ける。たっぷりの熱湯を沸かし、1分ゆでる。

2 水けをよくきり、熱いうちにAに漬け込んで味をなじませる。粗熱がとれたら密閉容器に移し、冷蔵で10日間保存可能。

マッシュルーム

いつもの食べ方あるある

ソテーしたり煮込みの具にはよく入れるけど

生では食べたことがない

生で食べるならホワイト？ブラウン？

新提案！

生を薄くスライス

ソテーやオムレツ、ハヤシライスなどで大活躍するマッシュルーム。新鮮なものなら、きのこの中で唯一、加熱しないで食べられることを知っていますか？買ってきたら**新鮮なうちに薄切りにして、パスタにたっぷりのせて食べてみてください。生でしか味わえない風味と食感にうっとりするはず。**ブラウンは香りが深く味わいも豊か。スライスしたマッシュルームだけでサラダにするのもおすすめです。

上品な香りまでがごちそう♬

シンプルマッシュルームパスタ

●材料（2人分）

マッシュルーム‥4〜6個（80g）
スパゲッティ………150〜200g
A［バター………………………20g
　 粉チーズ……………大さじ4
粉チーズ………………………適量
粗びき黒こしょう……小さじ1/2
レモン（くし形切り）…………少々

いつもと違うコツ！

なるべく薄くスライスすると、スパゲッティとからんで食べやすくなります。スライサーを活用しても。

●作り方

1 鍋に湯5〜6カップを沸かし、塩小さじ2（分量外）を入れる。沸騰したらスパゲッティを入れ、ゆで時間の1分前までゆでる。

2 **マッシュルームは根元を少し切り落とし、なるべく薄くスライスする。**

3 ボウルに**A**を入れ、鍋からトングでスパゲッティを取り出し、湯をきって加える。粉チーズとバターが溶けるまで1分ほどあえる。

4 器に3を盛り、2をちらして粉チーズ、粗びき黒こしょうをふり、レモンを添える。

野菜の選び方と保存方法③

根を食べる野菜・いも類・きのこ類編

【かぶ】

選び方　ずっしりと重く、根にひび割れや傷がなく、真っ白でコロンと丸く、ハリがあるものが良品。葉は青々としてみずみずしく、茎はしっかりとした硬さがあるものを選んで。

保存方法　葉と根に切り分け、根は湿らせたキッチンペーパーで大きく包み、葉もキッチンペーパーで包み、ポリ袋に入れてから野菜室へ。1週間保存可能。

【ごぼう】

選び方　先端までハリがあり、まっすぐでひげ根が少ないものが良品。直径が1円玉くらいで太すぎず、太さが均一のものがよく、できれば鮮度がいい泥付きを選んで。

保存方法　泥付きは新聞紙で包んで冷暗所で1か月保存可能。洗いごぼうはキッチンペーパーで包み、さらにラップで包んでから野菜室へ。1週間保存可能。

【さつまいも・じゃがいも】

選び方　さつまいもは皮の色が均一かつ鮮やかでひげ根が少なく、ハリとツヤ、重量感があるものを選んで。じゃがいもは皮が薄くて傷がないもの、芽が出ていないものが良品。

保存方法　新聞紙に包んで冷暗所、暑い時期は冷蔵保存。1か月保存可能。

【里いも】

選び方　縞模様が等間隔ではっきりしていて、かつひび割れやカビがないものがベスト。

保存方法　泥付きは新聞紙で包んで冷暗所、洗ったものは表面をよく乾かしてからキッチンペーパーで包んで常温保存。1か月保存可能。

【しょうが・にんにく】

選び方　しょうがは皮にしわや傷がなく、ハリとツヤがあり、切り口がみずみずしいものを。にんにくは乳白色でハリがあり、ふっくらとしていて芽が出ていないものがよい。

保存方法　キッチンペーパーで包んでポリ袋に入れて野菜室へ。しょうがは1～2週間、にんにくは1か月保存可能。どちらも厚切りにしてラップで包めば、冷凍で1か月保存可能。

【大根】

選び方　太くて重く、まっすぐなのが基本。葉があればみずみずしく、半分に切ったものは乾燥したり黒ずんだりしていないものを。

保存方法　葉と根に切り分け、根は湿らせた新聞紙やキッチンペーパーで包み、葉もキッチンペーパーで包み、ポリ袋に入れて野菜室へ。1週間保存可能。

【長いも】

選び方　長いもは太さが均一で凹凸が少ないものが◎。カットされたものは切り口が変色していないものがよい。

保存方法　丸ごとなら新聞紙に包んで冷暗所で1か月保存可能。カットされたものは切り口をキッチンペーパーでしっかりと覆い、ポリ袋に入れて野菜室へ。1週間保存可能。

【にんじん】

選び方　葉の切り口の軸が小さく、皮の表面がなめらかでひげ根が少ないほうがよい。

保存方法　新聞紙かキッチンペーパーで大きく包んで、ポリ袋に入れて立てて野菜室へ。1週間保存可能。

【れんこん】

選び方　ふっくらと丸みがあって表面に傷がなく、ずっしりと重量感があるものが◎。穴が小さめで、内側が黒ずんでいないものを選んで。

保存方法　キッチンペーパーで包み、ポリ袋に入れて野菜室へ。5日保存可能。

【きのこ類】

選び方　しいたけはかさの内側が白く、軸が太いもの、まいたけはかさが肉厚で弾力があるものを。えのきたけはかさが小さく、ハリがあるもの、エリンギは軸が白くて太く、かさが巻いているものが◎。しめじはかさが密集していて、軸が太くて白いもの、マッシュルームは表面に傷がなく、かさが締まっているものを選ぼう。

保存方法　未開封ならパックか袋のまま、使いかけの場合はキッチンペーパーで包み、ポリ袋に入れて野菜室へ。3日保存可能。

小田真規子（おだ・まきこ）

料理研究家・栄養士。スタジオナッツ代表。
「誰もがつくりやすく、健康に配慮したおいしい家庭料理」のレシピを提案し続け、テレビ番組や料理・生活情報誌、実用書、webなどを中心に活躍するほか、企業への料理提案やアドバイス、商品開発などにも携わる。本書では、野菜の切り方・火の通し方などを見直し、また食べたくなる、野菜がもっと好きになるレシピを考案。近著には『「だけでいい」日常の料理』（大和書房）、『少しの工夫で驚くおいしさ　今日からはじめる減塩ごはん』（家の光協会）がある。著書は100冊を超え、『料理のきほん練習帳（Ⅰ、Ⅱ）』（高橋書店）、『つくりおきおかずで朝つめるだけ！弁当（1～5）』（扶桑社）などベストセラー多数。

STAFF
アートディレクション・デザイン／tabby design
撮影／澤木央子
スタイリング／黒木優子
調理アシスタント／清野絢子、三浦佳奈、水間あすか（スタジオナッツ）
校正／ゼロメガ
構成・編集／倉橋利江

撮影協力／UTUWA（03-6447-0070）

Instagram
https://www.instagram.com/studionutsnuts/

いつもと違う　野菜の食べ方

2023年6月20日　第1刷発行

著　者　小田真規子
発行人　土屋　徹
編集人　滝口勝弘
企画編集　田村貴子
発行所　株式会社Gakken
〒141-8416　東京都品川区西五反田2-11-8
印刷所　大日本印刷株式会社
DTP製作　株式会社グレン

●この本に関する各種お問い合わせ先
本の内容については、下記サイトのお問い合わせフォームよりお願いします。
https://www.corp-gakken.co.jp/contact/
在庫については　Tel 03-6431-1250（販売部）
不良品（落丁、乱丁）については　Tel 0570-000577
学研業務センター
〒354-0045　埼玉県入間郡三芳町上富279-1
上記以外のお問い合わせは
Tel 0570-056-710（学研グループ総合案内）